大师的青少年时代

新闻出版总署向全国青少年推荐百种优秀图书

徐悲鸿的青少年时代

廖静文 原著
崔立秋 改编

河北出版传媒集团
河北人民出版社

目录

一　水乡小镇

1895年7月19日深夜，塘河水无声地流淌着，岸边一所灯光摇曳的小屋里，忽然传来一声婴儿呱呱坠地的清脆哭声，接着便是一串噼噼啪啪的爆竹声，打破了沉沉黑夜的寂静。于是一阵阵狗叫声此起彼伏，在这个江南小镇宽宽窄窄的巷子里久久回荡。

这个婴儿就是徐悲鸿，他出生的小镇是宜兴县屺亭桥镇。有一座石拱桥将河的两岸连接起来，桥的名字叫屺亭桥，小镇也因此得名。徐悲鸿在《悲鸿自述》里对这个江南小镇有过一段精彩的描述：

距太湖之西三十里，荆溪之北，有

> 乡可五六十家。凭河两岸，一桥跨之，桥曰屺亭。吾先人世居业农之所也。吾王父砚耕公，以洪杨之役，所居荡为灰烬。避难归来，几不能自给，力作十年，方得葺一椽为庐于桥之侧，以蔽风雨，而生先君。室虽陋，吾先君方自幸南山为屏，塘河为带，日月照临，霜雪益景，渔樵为侣，鸡犬唱答，造化赋予之丰美无尽也。

徐悲鸿的故乡江苏宜兴，位于苏浙皖三省接壤之地，是举世闻名的“中国陶都”和“江南水乡”。紫砂壶便是宜兴递给远方客人的一张靓丽名片。

宜兴，古称荆邑，春秋时期属吴国，秦置阳羡县，是宜兴设县的历史源头。宜兴可谓人杰地灵，人文荟萃。散落在黄土地上的一座座石碑，无言地见证了宜兴的千古文明和沧桑岁月。被称为“江南第一碑”的“国山碑”，历经千年风吹雨打，文字大多湮灭不见，这座三国吴孙皓封禅的古碑，记录了宜兴境内最早的地震资料。晋陆机撰文，王羲之书写，记载周处射虎、斩蛟、改过自新“除三害”的生平事迹，被称为“一庙三绝”的“平西将军周府君碑”，在全国现存古碑之中亦可列为珍品。《吴越春秋》中记载宜兴乡女救伍子胥的“贞义女碑”，由唐李白撰文，李阳冰书并篆刻，有极高的文史价值。

宜兴是“梁祝”故事的发源地，这里有梁山伯与祝英台的坟墓，还有记载梁祝故事的“碧藓庵”碑。在宜兴，人们随处可见很多美丽的蝴蝶，它们在花丛中翩翩起舞、飞来飞去。当耳畔响起梁祝的千古爱情绝唱时，很多人都会突发奇想：在这些美丽的蝴蝶中，是否有一对是由梁山伯与祝英台“化蝶”而成的呢？

宜兴还有关于范蠡与西施的美丽传说。范蠡帮助越王勾践灭吴后，知道越王是个只能共患难、不能共安乐的人，便悄悄地带着西施，深夜乘了一条小船，秘密地离开吴都，逃往宜兴。在无以为生之际，偶然发现了宜兴的紫色陶土可以制陶，后来范蠡就成为宜兴紫砂陶器的祖师，许

多制陶工人都供奉他的画像。

此外，宜兴地处太湖之滨，境内湖泊遍布，风光优美，竹林苍郁。当年苏东坡走遍天下，从天府之国到河南开封，到杭州，再到海南，最终却在宜兴买田置宅，准备在此安度晚年。他在《菩萨蛮》一词中写下：“买田阳羡吾将老，从初只为溪山好。”如今，在宜兴周处斩蛟的蛟桥下，还保存着苏东坡亲笔题写的“晋征西将军周孝侯斩蛟之桥”的石碑。

徐悲鸿的祖父砚耕公曾参加太平天国起义，革命失败后便在屺亭桥镇上做工，茹苦含辛十年，才在河边盖起一所小屋躲避乱世风雨。徐悲鸿便出生在这间小屋里，并度过了他苦难的童年和少年时期。

徐悲鸿曾经满怀着美好的爱恋回忆这所小屋：

我们的屋子虽然简陋，但有南山作屏风，塘河像根带子，太阳和月亮，霜和雪都点缀了这江南水乡的美丽。我们在这里和打鱼砍柴的人做伴，鸡鸣犬吠，互相唱答，大自然给了我们无尽的美妙。

然而，现实生活却并不像徐悲鸿在文章中所描述的这般风花雪月，当时的清朝政府面临着严重的内忧外患，处于一片风雨飘摇之中。徐悲鸿出生的1895年，正值李鸿章与日本签订丧权辱国的《马关条约》，台湾与澎湖列岛被割让给日本；康有为、梁启超率一千三百名赴考举人上“万言书”，要求光绪帝变法维新；孙中山在香港成立兴中会，高举起“驱除鞑虏，恢复中华，创立合众政府”的大旗……

覆巢之下安有完卵。动荡的中国农村日益凋敝，农民、商人、小手工业者很多都破产流亡。徐悲鸿家境贫寒，他刚一出生，便体验到了刻骨铭心的生之艰难。徐悲鸿曾经多次用“坎坷”、“落拓”、“颠沛”、“流离”、“穷困”等词语来形容自己青少年时期的不幸遭遇。

在如此乱世背景下，父亲徐达章希望徐悲鸿长大后能够健康长寿，过上幸福的生活，遂给儿子取名“寿康”。徐悲鸿是家里的长子。徐家有六个子女，兄弟三个，姐妹三个。子女众多，使这个家庭的生活倍加艰辛困苦。

二　启蒙画师

徐悲鸿的父亲徐达章，号成之，地方名士。自幼喜爱绘画，但因家贫，请不起老师，完全依靠刻苦自学，成为当地知名的画师。徐达章是徐悲鸿人生的第一位启蒙画师。

徐悲鸿在《悲鸿素描集》自序中说：

> 余自脱襁褓，濡染先府君至诣，笃嗜艺术。

徐达章的人物肖像工整而传神，现今留下的一幅《松荫课子图》，是他37岁时所作。画中徐悲鸿坐在课桌前琅琅读书，达章公持扇坐在儿子身后凝神谛听。当时能将人物画得这样形似而又

◎徐达章画像

传神的人是不多的。更微妙之处还是画左面徐达章题写的那数行小字：

光绪三十有一年，岁次乙巳中秋之月，澹我斋主人自绘并题：

荏苒青春卅七年，

平安两字谢苍天；

无才济世怀惭甚，
书画徒将砚作田。
平生淡泊是天真，
木石同居养性情；
切愿康儿勤学问，
读书务本励躬行。
求人莫若求诸己，
自画松荫课子图；
落落襟怀难写处，
光风霁月学糊涂。
白云留住出山心，
水秀峰青卧此身；
琴剑自娱还自砺，
寸心千古永怀真。

徐达章的写意花卉深受徐渭和比他略早一些时候的任伯年的影响，清新淡雅。他的山水画也是写实的。宜兴的私人收藏家至今仍收藏着达章公画的《荆溪十景图》，描绘了宜兴的风光景色，如张公洞、善卷洞等。徐达章还擅长书法、

篆刻、诗文。现存他的印章有“半耕半读半渔樵”，“读书声里是吾家”，“儿女心肠，英雄肝胆”，“闲来写幅丹青卖，不用人间造孽钱”等。

徐达章一生鄙薄功名，不求闻达，从来不与官府往来，以淡泊宁静的生活态度来蔑视富贵荣华。据宜兴图书馆存的一部《宜兴县志》记载，当时的宜兴县令很器重徐达章的才学，曾以访贤为名，前来看望他，谁知他听闻后立即躲藏到一所寺庙里去了。在《松荫课子图》的题诗中，徐达章便流露出他当时的心境：“无才济世怀惭甚，书画徒将砚作田。”同时也表达了他对统治者的不满：“落落襟怀难写处，光风霁月学糊涂。”

徐悲鸿6岁开始跟父亲读书。当他看到一块玩耍的伙伴跟着父亲学画时，喜欢涂涂画画的小悲鸿也萌生了跟父亲学画的念头，却遭到了父亲的拒绝。在《悲鸿自述》中，徐悲鸿这样记载道：

先君为人敦笃，慈祥恺悌，群遣子弟从学，习画问字者多伙。有扬州蔡先生者，业医，能画，携子赁居吾家。其子曰邦庆，生于中日战败之年，属马，长吾一岁，终日嬉戏为吾童时伴，好涂抹。吾时受先君严督读书，深羡其自由作画也。

我们知道徐悲鸿最擅长画马，但是他人生的第一幅画却不是马，而是虎。

有一次，读到《论语》中卞庄子之勇，徐悲鸿问父亲："卞庄子有什么勇？"

"卞庄子能刺虎，虎是百兽之王，勇猛无比。"父亲答道。

接着，父亲给徐悲鸿讲了一个故事：春秋时代，鲁国有个非常勇敢的人，名字叫卞庄子。有一次，他独自一人逮住了两只凶猛的大老虎。这件事传到齐国，齐国正想侵略鲁国，听说鲁国有这样勇敢的人，就不敢发兵打鲁国了。

这个小小的故事使幼年的徐悲鸿沉浸在幻想中：虎是什么形状呢？他一面读着那册发黄的木版刊印的《论语》，一面不平静地想着。在穷乡僻

壤的村镇，既无动物园，又无动物画片，而他多想知道“百兽之王”的形状啊！有一天，他找到一个人，替他画了一只老虎，他悄悄地依样描绘下来，心里暗暗欢喜。

不久，父亲发现了，问他：“这是什么？”

小悲鸿快乐地答道：“老虎。”

父亲却很冷淡地说：“这哪里是老虎，像条狗呀！”

小悲鸿睁着失望而疑惧的眼睛望着父亲，泪水涌到眼眶里。父亲爱怜地说：“你应当好好用功读书，因为要想成为一个画家，首先要有渊博的学识，所以必须养成勤奋读书的习惯。”接着，父亲极其严肃地说：“画画是要用眼睛观察实物的，你没有看见过真的老虎，怎么能画出老虎来呢？”

从此，徐悲鸿在父亲的谆谆教导下，先读书，后画画。直到九岁时，他读完了《诗》、《书》、《易》、《礼》、《春秋》、《左传》，父亲才开始教他绘画。徐悲鸿最初学画的时候，每天吃过午饭之后，都要临摹一幅吴友如的人物、界画。吴友如是清代末年最著名的插图画家，能在尺幅之中描绘楼台亭阁、虫鱼鸟兽、奇花异卉，甚至千军万马。

父亲更着意叫徐悲鸿写生，画父母、兄弟、邻人、乞丐……有时，父亲带着他沿河岸步行，引导他观察和欣赏大自然。那光芒四射的朝阳，奇姿异态的怪石，诗一般的翠竹晴岚，梦境一样的晓雾渔舟……像美妙的音乐一般，温柔地触动着徐悲鸿那颗稚嫩的心，神奇地将美术的肥硕种子，撒在了徐悲鸿的心里，使他从小就热爱大自然，热爱自己的乡土。

徐悲鸿天资聪颖，从小就展现出了极好的绘画天赋。

有一天，徐达章告诉儿子他要出门一趟，如果有人来找，就叫他留下姓名，回头好联系。父亲出门后，果然有人来了，问徐悲鸿："你父亲呢？"徐悲鸿答："他不在。"这人没说什么就走了。徐达章回家后问是否有人来过，徐悲鸿答：有人来。问来人是哪位，徐悲鸿答不出来。父亲很生气，埋怨他不问问来人的姓名。这时候，徐悲

鸿也不辩解，只把手摊开，父亲一看徐悲鸿手心里所画的人像，就明白方才来的客人是谁了。

在宜兴当地，还流传着这样一个故事。徐悲鸿家隔壁的老太太死后，家人很伤心，一边哭一边感叹，遗憾生前没能给老人拍张照片，连个念想也没有留下。徐悲鸿听了，记在心中，回到家里悄悄地画了一张老太太在河边洗衣服的画。看到徐悲鸿的画，老人的儿子万分感激地说："这就是我的母亲嘛，你是怎么画出来的呢？"徐悲鸿说："我经常看她在河边洗衣服，我看见过她的样子，心里想着就画出来了。"

当时，江南兴办学校之风盛行，不仅富人的子弟都进学校读书，一些家境勉强过得去的人也都送子女入学。幼年的徐悲鸿很羡慕伙伴们背着书包上学校，更何况他自己已经开始展露出非凡的文学天赋。徐悲鸿10岁那年随父亲乘舟赴溧阳时，曾写下"春水绿弥漫，春山秀色含。一帆风信好，舟过万重峦"的诗句。许多亲友都来劝徐达章送徐悲鸿入学，说："画画是吃空心饭呀！怎能靠它谋生呢？"

的确，在民不聊生的旧中国，画画是没有出路的。一个画家很难靠卖画维持生活，达章公自己的遭遇就是如此。听到亲友们这些好心的劝说，达章公轻轻地叹息着。有时，他用爱抚的眼光长久地默默注视着徐悲鸿，仿佛要在儿子那张眉目清秀的脸上写下他的歉意。是呀，当时徐达章在镇上鬻字卖画已不能维持全家生计，还要起早贪黑地耕种七亩瓜田。徐悲鸿的母亲也忙着养蚕，以蚕丝的收入贴补家用。即使这样，全家人依旧过着入不敷出的艰辛生活，哪还有钱供孩子上学读书呢？

年幼的徐悲鸿经常跟着父亲去地里干活。家里没有牛，借邻人的牛犁田，就要替邻人放牛作为补偿。在山冈水湄，牛寻嫩草，徐悲鸿觅野花，这是他童年甜蜜的回忆。有时，田里缺水，他矮小的身子趴在水车上车水，稚嫩的脚板上便留下一道一道血红的印子。

但是，徐悲鸿并未因贫穷而感到自卑，也没有因为不能进学校而感到孤独，他有自己的乐园。在那美丽的天地里，有一大群和他一样被排

斥在学校门外的小伙伴，他们一同劳动，一同游戏，一同幻想沿着门前的河岸，走到遥远而广阔的世界去……

三 “江南贫侠”

清朝末年，许多江南小镇还没有固定的剧场和剧院，只有在逢年过节，或是重大的喜庆日子里，才会请戏班子到镇上，搭上一个露天舞台，演上三五天。每次戏班子来时，小镇就会立刻热闹起来，附近的乡亲们也都纷纷摇着船、驾着车赶来。来早的人自己带着竹椅板凳，在台前占一个好位置，后来的人就只能站在那里。孩子们个子矮，挤在人群里看不到舞台，就爬到大树上。还有些人坐在摇晃的小船上，远远地看着舞台上咿咿呀呀地唱。

徐悲鸿也喜欢看戏。遇上节日，小镇上迎神演戏，徐悲鸿挤在人群中或趴在树干上，在阵阵锣鼓声中，幼小的心灵在为好人的不幸而悸动，为坏人的得势而愤怒。有时，徐悲鸿也到镇上的茶馆去听说书，挤在那些皮肤黝黑的劳动者中，闻着劣等烟草的辛辣气味，全神贯注地听老艺人绘声绘色地讲《水浒》、《岳飞传》、《三国演义》等。听到动人的地方，徐悲鸿也模仿着成年人的样子摇头叹息。

社戏中的英雄人物带着鲜明的爱憎，流淌进徐悲鸿的胸膛，犹如清澈的泉水，流入贫瘠的大地，滋润着小悲鸿稚嫩的心田，潜移默化地影响着他性格的养成。徐悲鸿常常怀着激动而崇敬的心情，将戏中的英雄人物默画出来，用剪刀剪下，贴在竹竿上，举着它们在镇上跑来跑去。这个时候，会有成群的孩子尾随在后面，用羡慕的眼光看着奔跑的徐悲鸿。

徐悲鸿经常把小伙伴们叫到一起，上山砍些竹子，做成刀枪棍棒，练习武术。他们每天黎明即起，先绕着村子跑两圈，不论酷暑严寒，都跳到河里去洗澡，幻想着有一天能成为路见不平拔刀相助的侠客，就像戏中的英雄人物那样。为此，他自己还精心刻了一方“江南贫侠”的图章。

那时候的中国农村还没有照相馆，人死了以后，富裕的人家都要请一位画师替死者画一张遗像，以供后人祭祀和怀念。徐达章就经常出门去为人家画遗像。每当父亲出门的时候，徐悲鸿便和小伙伴们在家里将桌椅搭成戏台，脸上画上戏剧脸谱，拿起那些竹子做的刀枪棍棒，很像那么回事似的演起戏来。有时模仿他们看过的戏，有时结合听到的故事，自编自演。母亲和邻居们偶尔也兴致勃勃地来看他们演戏，但父亲达章公是个勤谨而严肃的人，决不能让他知道。因此，每次演戏的时候，就派一个孩子到村口瞭望，如果见到达章公，就飞奔回来报信，大伙立刻拆去戏台，跑到河边把脸上的颜料洗干净。几分钟之后，刚刚还热闹的舞台便奇迹般地消失了。

有一次，在村口负责放哨的孩子靠在树墩上睡着了。当徐达章突然出现在家门口的时候，徐悲鸿正演得起劲，身上披着红色被面，脸上涂得五彩斑斓，高举宝剑，大声喊叫：“恶贼住手！江南贫侠来也！”话音未落，他看见了站在门口

的父亲正怒目而视。仿佛一阵飓风猛烈地吹来，把一切快乐都卷走了，孩子们像着了魔一样呆立着，随即悄悄地退缩到一个角落里，心里七上八下地等待着即将到来的狂风暴雨。

然而，这位刚刚还很生气的父亲最终并没有发怒，甚至连一句责备的话也没有说。他只是沉重地叹息了一声，指着那些被孩子们用来化妆的颜料说："我们是穷苦人家，买这些颜料不易啊！"

父亲的话，像一条沉重的鞭子，抽打在小悲鸿的心坎上。他流着眼泪，默默地在心里发誓：从此以后再也不演戏了。

徐悲鸿果然从此再也没有演过戏，然而他对戏曲的浓厚兴趣却并未因此而有丝毫的消减。

1917年底，徐悲鸿到北京后，每逢有程砚秋的演出，他是必到的，是当时最热情的观众之一。他还常去看梅兰芳的戏，一颗年轻的心被艺术家们精湛的京剧艺术深深吸引着。

当时，北京的名士罗瘿公为了宣扬程砚秋的

◎罗瘿公

艺术，每逢程砚秋演出，他就将戏院的前几排座位都包下来，买了票请朋友去看戏。罗瘿公爱重程砚秋的才华，亲自教程砚秋书法和诗词歌赋，亲自为程砚秋编写剧本，教程砚秋熟悉剧本的内容和人物性格。后来还助他拜京剧大师梅兰芳为师。

徐悲鸿被罗瘿公这种爱惜人才、扶植人才的精神深深感动着，以自己的实际行动支持罗瘿公和程砚秋。为此，徐悲鸿还遭到妻子蒋碧微的不解，两人为此进行过争论。

“哼！”她带着不屑的口气嘲讽说：“罗瘿公捧程砚秋，这说明什么呢？只不过说明文人的无行罢了。”

徐悲鸿惊讶地望着妻子：“你怎么能这样说？”

“为什么不能这样说？罗瘿公为了捧程砚秋，把家都搅得乱七八糟了，这还不够，他还想搅到别人家里来。”

“碧微，”徐悲鸿解释道：“罗瘿公是真正爱重程砚秋的才华，这和无聊的文人寻欢作乐不一样。他是在培植一颗艺术明珠，培养一位有才华的京剧艺术家，使中国京剧后继有人。”

“艺术！艺术家！看你说得多么冠冕堂皇！”蒋碧微愤愤地说：“你不过是参加捧戏子罢了！”

“唉，碧微……”

妻子的反对，虽然使徐悲鸿很不愉快，但是他仍然去看程砚秋和梅兰芳的戏。每当看完戏回来，他独自走在僻静的胡同里，心情总是不能很快平静下来。所有的艺术门类之间都是相通的，他在拿绘画和京剧来对比，希望从中获得启发和借鉴。

有一天，罗瘿公请徐悲鸿为他画一幅梅兰芳扮演的天女散花图。徐悲鸿欣然答应了。这幅画上，既有西洋画的写生技法，又有中国画的线条和勾勒，使婉丽多姿的天女栩栩如生。罗瘿公看了，喜不自禁，高兴地在画面上题诗一首：

后人欲识梅郎面，
无术灵方更驻颜。
不有徐生传妙笔，
焉知天女在人间。

徐悲鸿一生喜爱京剧艺术，在家里没有外人的时候偶尔也会轻唱两句。1995年春天，廖静文女士曾经在一个不眠之夜写下了《怀鸿室琐忆之一》，文中这样写道：

悲鸿喜爱京剧，他为年轻时的梅兰芳先生画过像，早在上世纪20年代，他为捧程砚秋而天天去看程砚秋先生的

戏。悲鸿的学生中大概没有人听过悲鸿唱京剧吧？我却听过。有一次，他为我讲洪洋洞盗骨的故事，孟良和焦赞去洪洋洞盗杨令公的遗骨，他述说时声音哽咽。接着他轻声地唱了洪洋洞这段京剧，声调悲苍，眼中闪着泪光。这也是我唯一一次听到悲鸿唱京剧。

四　流浪少年

随着清政府封建王朝的日益腐败和帝国主义列强的加紧入侵，中国人民陷入了更深重的苦难之中，徐家的生活也愈来愈艰难了。达章公流着眼泪卖掉了两亩瓜田，嗷嗷待哺的孩子们勉强吃饱了肚子。虽然暂时渡过了难关，但是以后怎么办呢？

屋漏偏逢连阴雨。正当徐家的生活无以为继的时候，江南突遭洪灾，小小的屺亭桥镇被淹没在一片汪洋之中，人们扶老携幼，开始了挣扎在死亡线上的逃亡生活。当洪水退去，人们再回到屺亭桥镇时，饥饿和寒冷又在威胁着他们。此时，徐达章想要继续在镇上鬻字卖画是完全不可能了，他决定带着儿子去外地谋生。

这一年，徐悲鸿刚满13岁，便和父亲一起开始了流浪江湖的卖画生涯。

他们沿着太湖一路走去。太湖一带原是鱼米之乡，但由于天灾人祸，也和别的地方一样，富者愈富，贫者愈贫了。徐悲鸿和父亲沿途给人画肖像，画山水、花卉、动物屏条，刻图章，写春联，有时住在淳朴的农民家里，有时住在小客店或寺庙里。

他们来到了太湖之滨的无锡。这个被不平等条约打开门户的繁华城市，给徐悲鸿以强烈的印象和刺激。那些悬灯结彩的商店里摆满了五光十色的洋货，从日用品的瓷器到布匹、丝绸，以至儿童玩具等等，无一不是舶来品。老板给它们贴上“价廉物美”的广告，招揽顾客。

这天，徐悲鸿随达章公穿过闹市，转入一条较为僻静的小街，找到一家小客店落脚。一对卖唱的父女也走了进来。姑娘梳着一条乌黑闪亮的发辫，那张苍白的脸上，眉清目秀，一对水汪汪的眼睛闪着哀怨的光芒。姑娘的父亲穿一件褪了色的蓝布袍，腋下夹一把胡琴，风尘满面，两鬓如霜。他双手抱拳，打了一个拱，向小客店的旅人们说："诸位贵客！我们萍水相逢，可谓三生有幸，请听小女唱一段吧！"

于是悠扬的琴声便在这寂寞的小客店里飘荡起来。姑娘唱起了江南民歌中抒情的小调：

月亮弯弯影儿长，
流浪的人儿想家乡，
村前池水鱼儿乐，
屋后瓜架豆花香，
……
天上云多月不明，
地上山多路不平，
流浪的人儿想家乡，
哎，
家乡的山水亲又亲，
……

那歌声和琴声十分凄婉，扣人心弦，撩起了旅人们怀乡的情思。徐悲鸿也仿佛回到了故乡门前的小河边，那远去的帆影，雪白的浪花，小屋后面桑树的清香，临别时母亲的叮咛细语，都像梦一样潜入了他的心里。

琴声戛然止住了。歌女请求施舍的目光从每一个旅客的脸上匆匆地移过去，又移过来。达章公连忙将一角小洋送到姑娘的手里，风尘仆仆的旅客们也在摸索枯瘪的钱袋，将一个两个小钱递过去。徐悲鸿的心鼓胀起来，泪珠儿在他的睫毛上轻轻地颤动。多少和他命运相同的人在饥饿线上挣扎！他更加懂得了人生的艰难与痛苦。

有一天，当徐悲鸿和父亲卖完了画，迎着傍晚的烟霞，走回旅店时，看见一家茶馆门前簇拥着一群人。徐悲鸿也挤了进去，看见一个年轻妇女坐在台阶上嘤嘤啜泣。听围观的人们议论才知道，这是个新近死了丈夫，又被夺了佃的无依无靠的妇女。她在城门附近搭了一个窝棚，靠卖茶水勉强维持生活。不料，一家茶馆老板的儿子却带领一班恶少，纵火烧了她的窝棚。这个年轻妇女一面啜泣，一面用手掌不停地揩抹脸上的泪水。她怀抱中的婴儿睁着明亮的大眼睛看着周围的人们，不时伸出小手抓弄母亲蓬乱的头发。他还不懂得人世间的丑恶和阴险，不知道这个世界对他和母亲为什么这么凶残。

一种强烈的不平感使徐悲鸿勇敢地走进了这家茶馆，达章公也跟了进去。他们想劝说茶馆老板发发善心，给予赔偿。肥头大耳、油光满面的老板最初是眯缝着眼睛瞧着他们，貌似听着，继而狞笑起来，最后破口大骂，抓起一只茶杯朝徐悲鸿扔过来。茶杯打在徐悲鸿的头上，鲜血从浓密的黑发里涌出来……如果是在家里的戏台上，徐悲鸿会立刻举起利剑，直刺恶贼的心窝，然而，现在他却无能为力。从此，“江南贫侠”的头上留下了一块深深的伤痕。

在这些残酷的现实面前，徐悲鸿的心也渐渐成熟起来。江湖卖艺的生涯使徐悲鸿不断地接触到下层社会和劳动人民，不仅使他了解和同情人民的苦难，而且使他知道了许多国家大事。辛亥革命激动过他的心，但随之而来的是以帝国主义为后台的军阀争夺，战乱频仍，民不聊生。这一切都像浓重的阴影，投到徐悲鸿年轻的心上。他

开始在精心描绘的画面上署名“神州少年”，同时盖上一方“江南贫侠”的印章。

流浪的岁月年复一年地在风雨中消逝。徐悲鸿为父亲磨墨铺纸，看父亲落笔挥毫，听父亲娓娓不倦地说古论今。在潜移默化中，他不断地接受着中国传统绘画艺术的感染。他不仅成为父亲有力的助手，而且开始摸索创造自己的风格。当时的强盗牌香烟盒中，附有逼真的动物画片，徐悲鸿很爱搜集，渐渐认识了各种猛兽的真形。后来，又得到日本的动物标本，他便爱不释手地对着标本摹写。同时，他还见到欧洲19世纪绘画大师们的作品复制品。这些精美的复制品以严谨的造型、绚丽的色彩、抒情的韵律，异常强烈地震撼着徐悲鸿的心灵，使他埋下了一颗去欧洲学习美术的种子。

但是，冷酷的现实却横亘在徐悲鸿面前。长期流浪的生涯使达章公染上了重病，他全身水肿，极度衰弱。父子两人不得不返回家乡。

在流浪的日子里，徐悲鸿曾见过多少高楼大

厦，但在他眼中，它们远没有屺亭桥畔的那所小屋可爱又亲切。现在，他远远地就望见那所小屋了，屋顶上正升起一缕袅袅的炊烟，他知道这是辛勤的母亲在做晚饭了。他将立刻见到母亲，见到这个经常萦回在他梦中的家。他有多少话语要对母亲说呵！

当徐悲鸿搀扶着全身水肿的父亲走进家门时，母亲骇异地从厨房里奔出来。她朝着丈夫，睁大眼睛，似乎在看一个陌生的人，眼泪从她那苍白的面颊上滚滚流下。她一句话也没有说，用双手捂着脸，失声痛哭起来。

五　勇挑重担

1911年，辛亥革命爆发，推翻了清王朝的统治，结束了在中国存在两千多年的封建制度。但是苦难的生活并未就此结束，军阀混战不休，人们依旧生活在水深火热之中。父亲病重，使年仅17岁的徐悲鸿，独自挑起了全家的生活重担。

这一年，患病的父亲自觉将不久于人世，就想为儿子早点订下终身大事，以了却自己多年的夙愿。他和妻子商量后，就托人给儿子说了一门亲。这是邻村的一位农家姑娘，家境贫寒。老人以为自己也是贫苦人家，算得上是“门当户对”。他把儿子叫到床前，说：“寿康，我怕自己是活不了多久了，你已经长大成人，也该自立门户，撑起这个家了，为了徐家将来的后代，我想早一点给你成家……”

徐悲鸿是一个有着远大理想的年轻人，他不想这样年轻就让婚姻束缚住自己飞翔的翅膀。他虽然不忍心让病重的父亲难过，但是婚姻毕竟是终身大事，因此他极力反对这桩婚姻，甚至还离家出走。

徐悲鸿最终还是被家人找了回来，并在父母的包办下，和这位农村姑娘结了婚。第二年，妻子生了一个小孩，徐悲鸿给儿子取名“劫生”，意思是说：“自己被父母逼婚出逃，被抓回来后生的孩子，是遭劫而生。”因为“劫生”这个名字太晦气，达章公又将他改名为“吉生”。然而，非常不幸的是，徐悲鸿的这个妻子在他们婚后第六年染病去世。此后不久，儿子吉生也因天花而夭折。在这场传统的旧婚姻中，徐悲鸿为了反抗父亲，一怒之下将自己的名字改成了“悲鸿”。这就是徐悲鸿名字的来历。

徐悲鸿不像中国其他的传统文人画家那样，拥有众多的别字别号，除去在上海震旦大学为了纪念自己的恩人而曾经取名“黄扶”之外，他一生只用“悲鸿”这一个名字。“悲鸿”二字有什么含义呢？徐悲鸿自己解释，因此人们多从字面上理解。鸿，即鸿鹄、鸿雁，泛指能飞的大鸟。悲，即悲愤、悲怆。可见，徐悲鸿是把自己比喻成了一只“悲愤的、有抱负的、能飞的大鸟”。如果我们再加上他的姓氏“徐”，即徐徐升起之意，“徐悲鸿”三个字合在一起就是“徐徐升起的一只悲怆的大鸟”。从他给自己取的名字可以看出，徐悲鸿是一个有着远大抱负和非凡理想的年轻人。

当时，徐悲鸿绘画的名声已传遍四乡，宜兴县的初级女子师范、始齐小学、彭城中学都来聘请他担任图画教师。为了养家糊口，徐悲鸿同时接受了这三个学校的聘书。三校之间的距离有五十多华里，在舟楫如梭的江南水乡，坐船既方便，也便宜，但是为了节省钱替父亲医病，徐悲鸿全靠步行。他常常午夜起床赶路，看着银色的月亮落下去，迎来冉冉上升的红日。当他的脚步迅速地穿越洒满露水的田间小径时，他的心却由于系念父亲的病而异常沉重。这朦胧的月色和他童年牧牛生活的回忆，后来都带着真挚的感情，反复出现在他的画卷里。

达章公一天比一天衰弱了。为了摆脱家庭的贫困，他吃力地移动脚步，沉重地喘着气，执拗地伸出索索发颤的手，想重新拿起画笔来。但是他的努力是徒然的，犹如即将燃尽的油灯，纵然还能发出微弱的光芒，但生命的火焰，已行将熄灭了。

有一天，当徐悲鸿应邀去参加一位乡亲的婚礼时，母亲拿出一个纸包，小心地打开它，一件崭新的绸衫闪现出来。母亲像披露一个重大的秘密似的，低声对儿子说："我没有出嫁的时候就养蚕，我自己没有穿过绸衣，我们家里也没有人穿过绸衣。但我有一个心愿：要给我的长子缝件绸衫，这个心愿在你们没有回来以前就实现了。"

母亲一面轻声说着，一面双手抖开那件未曾漂染过的绸衫。这是她亲手缝制的。她那苍白的面容因兴奋而泛红，温顺的眼睛里浮现出一丝胆怯的微笑。徐悲鸿惊愕地望着母亲，他从未见过母亲有过如此美丽而幸福的光彩。

“妈妈，把它卖掉给父亲医病吧！”徐悲鸿垂下眼睑说。

母亲的脸色在一瞬间变得黯淡无光了，仿佛一个美丽的愿望正从她眼前飞走。她颤动着嘴唇，喃喃地说：“卖掉？决不！我总是想着，总是想着，有一天，看见你穿上它……”

此时，还是一位懵懂少年的徐悲鸿，并不知道母亲为什么非要让自己穿上一件绸衫。宋朝诗人张俞，写过一首非常有名的诗《蚕妇》：

昨日入城市，
归来泪满巾。
遍身罗绮者，
不是养蚕人。

那位深居僻乡，以养蚕为生的劳动妇女，为什么在初次进城后却痛哭流涕地回来了呢？不正是因为她在城市里看到到处都是穿着绫罗绸缎的达官贵人，而那些辛辛苦苦的养蚕人，虽然起早贪黑，却穿不上舒适华贵的丝绸衣服。徐悲鸿的妈妈就是这样一个穿不上绸衣的养蚕人啊！她多么希望自己的孩子能够在父老乡亲们面前体面地穿上这么一件华贵的绸衣啊。

徐悲鸿最终顺从地穿上绸衫，去参加乡亲的婚礼。绸衫裁剪得十分合身，显然是母亲精心制作的。眉目清秀的徐悲鸿比任何时候都显得英俊。

但是，生活总是异常残酷地戏弄人。在婚宴上，邻座一位老人的香烟头忽然掉在他的绸衫上。徐悲鸿丝毫没有发觉，直到绸衫冒出了烟，一种烧焦的丝绸气味扑鼻而来，他才恍然如从梦境中惊醒一般，慌忙伸手扑灭，但崭新的绸衫已被烧破了一个洞。

徐悲鸿极其懊丧地回到家里，他感到愧对母亲！这件事给他的刺激是如此强烈，以至于他从此以后，发誓不穿绸衣，不吸香烟。他成为名画家以后，虽然常有学生和朋友送给他绸衣，但他从未穿过。即使在南方酷热的夏季，他也只穿布衫，坚决不再穿绸衫。

多少年后，在徐悲鸿身上还曾经发生过一次

衣服被烧的事件，只不过这次不是绸衫，而是皮大衣。那也是第一次穿皮大衣，结果却和这件绸衣一样又被烧破。一件绸衫，一件皮大衣，人生中的这两件衣服给徐悲鸿留下了极为深刻的记忆。

那是1949年3月，徐悲鸿被邀请作为新中国的代表前往巴黎，出席保卫世界和平大会。代表团团长是郭沫若，团员有曹禺、艾青、丁玲、田汉、洪深、马寅初、郑振铎、程砚秋、古元、曹靖华、翦伯赞、邓初民、戴爱莲等。周恩来非常关心代表团的准备工作，亲自过问他们的征程和行装。除了派有医生和护士同行外，考虑到其中的多数人年龄都比较大，为了防御西伯利亚的严寒，特意让有关部门给每人做了一件皮大衣，而且还是轻柔暖和的貂皮。

徐悲鸿一生自奉廉洁。他的收入虽然很多，但都用来帮助穷学生、穷朋友和购买书籍字画了。到北平后，因为气候较南方寒冷，徐悲鸿曾在东单广场卖旧货的小市上买了一件旧皮袍，上面的纽扣还是过了时的铜纽扣。那时，北平艺专的学生们常开玩笑说：“看我们校长的金纽扣呵！”

代表团出发后，车到赤塔时，受到苏联政府的招待，全体成员被安排在赤塔一家大饭店就餐。由于衣架靠近火炉，餐毕，发现有两件大衣被烧破，正巧其中就有徐悲鸿的一件。徐悲鸿以一种极为遗憾的心情给妻子廖静文写信说：

四十年前，我第一次穿绸衣，不慎被香烟烧破，遂不服丝绸。我一生原无皮大衣，亦无能力制，周恩来同志为制轻裘，不幸又被烧破，殊为难过……

日子一天天地挨了过去，达章公缠绵在病榻上两年，终于耗尽了生命。弥留之际，他哆哆嗦嗦地用瘦骨嶙峋的手，拉着徐悲鸿的手说：“我们是两代画家了，后来居上，你应当赶上和超过我，超过我们的先辈……要记住，业精于勤……生活再苦，也不要对权贵折腰，这是你祖父说过的……”

他的话淹没在一片喘息中，那呆滞的眼珠仿佛还在凝视着儿子。徐悲鸿跪下来，面颊贴着床沿，号啕痛哭。母亲和弟妹们也哀声啼哭，整个小屋沉陷在一片凄惨的悲痛之中。

徐悲鸿凝视着父亲，许多往事像潮水般向他涌来。他记起幼年的时候，父亲第一次教他拿画笔的情景。他也记起，有一次，他将房子画歪了，父亲很认真地说："这样的房子是不能住人的呵！"他还记起，在流浪的日子里，父亲常从自己微薄的收入中拿出钱来周济沿途遇到的穷苦人。吃饭时，父子两人总是互相推让着，父亲抢着把那份量不多的菜都倒在徐悲鸿的饭碗里……有一次，他们见到一块很大的石头挡在路上，父亲担心过路的行人和车辆绊倒，便要儿子和他一起，将石头抬到路边。他仿佛又看见父亲弓着腰，气喘吁吁地和他抬石头的情景……

这许许多多的往事，又都在徐悲鸿的眼前复活起来。他抹去脸上的眼泪，凄苦地想着：父亲不仅给了他生命、知识、绘画技能，而且以他那宽厚、谦让、勤俭、正直的品格深深地影响他。

他的每一点微小的长进，都曾引起父亲极大的喜悦，父亲多么希望看到自己的一些成就呵。可是，他却这样寂寞地死去了，死在人生的盛年，而自己则成了无父的孤儿……徐悲鸿想着想着，两行热泪不由自主地又沿着双颊流下来。

夜已经很深了，天空漆黑而沉重，月亮和星星都不知隐藏到什么地方去了。河边的小屋内，一灯如豆。摇曳而黯淡的灯光将徐悲鸿的影子，紧紧地贴在父亲那僵硬了的身体上。父亲的脸色蜡黄，他似乎睡着了，在经历了那么多贫困和疾病的折磨后，他好像疲倦了。是啊，对那些深刻地体验过生之艰难的人们来说，死亡未必不是一种最好的解脱呀；可是，对那些依旧活着的人而言，压在身上的生活重担却更加沉重了。

为了埋葬父亲，已经身无分文的徐悲鸿不得不写信向一位长者、在邻县溧阳经营药材的商人陶麟书先生告贷。他含泪在信中写道：

今临穴有期，欲世伯代筹二十元，使勿却者，则悲鸿镂骨铭心，愿化身犬

马而图报耳……

令人欣慰的是，陶麟书先生不但将贷款送来，而且亲自帮助安排丧事和参加葬礼，这让徐悲鸿那颗因悲伤而冰冷的心感受到了人世间还存有着人性的温暖。葬礼是十分简单的。小小的送葬行列中，只有家人、亲友和镇上的邻居。当人们将黄土投向墓穴，淹没了父亲的棺木时，徐悲鸿觉得自己也有一种被埋葬了的心情，仿佛周围的一切都正在死去，漫无边际的悲伤侵袭着他。

六　四赴上海

1911年辛亥革命爆发后，许多传播新文化、新思想的报纸和杂志如雨后春笋般出现。地处上海、南京、杭州这三个大城市之间的宜兴，不仅商贸繁荣，思想文化也受到了新思潮的影响，各种刊物流通非常快。

这天，正在学校教书的徐悲鸿，不经意间在一份上海发行的《时事新报》上，读到了一则征稿启事。于是，他就给报社寄去了一幅自己画的白描戏曲人物画《时迁偷鸡》。时迁，小说《水浒传》中的人物，《时迁偷鸡》是传统戏曲中很有名的一出戏。《时事新报》是中国最早的出版机构——商务印书馆主办的，主持人张元济在中国文化史上，被誉为“中国出版第一人”。这次

负责评稿的正是张元济。

张元济在一大堆来稿中看到了徐悲鸿的《时迁偷鸡》，觉得这幅画人物鲜活生动，非常有趣，画中的人物仿佛从中国古典四大名著的《水浒传》中跳出，来到了老百姓的家门前，乡土气息极为浓郁，他非常喜欢，于是就给这幅画评了个二等奖。这个小小报刊的二等奖其实真算不上什么，但对于一个初出茅庐的年轻人来说却如同是黑夜中的一束阳光，它给了徐悲鸿信心与希望，唤起了青年徐悲鸿对外面世界的憧憬和向往。受到鼓舞的徐悲鸿决心走出家门，到上海这个充满生机与活力的城市去看一看。

1912年，18岁的徐悲鸿走出宜兴，第一次来到了上海。在上海，他看了马戏团的表演。同时，还想找个地方学习西画，但是由于没有找到，时间不长就回家乡了。

这是徐悲鸿第一次到上海，这次只能算作徐悲鸿的一次短暂出行。但是，也正是这次短暂的出行，让徐悲鸿看到了外面世界的精彩和博大，触动了他那颗驿动的心。自此，徐悲鸿追寻艺术的脚步再也没有停止过，开始了一生的流浪和奔波。

1912年中华民国成立，宣统皇帝退位，延续两千多年的封建帝制结束，中国社会正在经历着一场翻天覆地的变革。在这样一个大的社会背景下，许多人崇尚民主与科学，追求新文化。与此相对应，新的文化社团和机构纷纷涌现。

这年11月，比徐悲鸿小一岁、刚刚17岁的刘海粟来到上海，与几位朋友一起创办了“上海图画美术院”，他们在报上刊登招生广告，说“专授各种西法图画及西法摄影、照相、铜版等美术，并附属英文课。讲义清晰，范本精良，无论已习未习，均可报名”。

一直就想学习西画的徐悲鸿，看到这则广告后心潮澎湃，满怀希望，马上动身去了上海。

可是，在这里的学习却令徐悲鸿大失所望。这里校舍条件异常简陋，设备残缺，石膏模型一具没有，教学用的范本竟是旧书摊上的插图。也没什么正经老师，学生基本属于自习状态，根本谈不上什么所谓的理论学习。更让徐悲鸿感到气

愤的是，自己创作的几幅画，竟然被老师拿去做了讲义。在“上海图画美术院”混了两个月，眼看自己实在不能学到什么东西，徐悲鸿觉得在这里无异于耗费青春，于是不辞而别，悄悄地回到了家乡，满怀的希望落了空。

1914年，徐悲鸿20岁时，在病榻上躺了两年多的父亲去世了。丧父之痛和生活的无助让徐悲鸿黯然神伤，心烦意乱。日复一日的奔波劳碌，不仅让徐悲鸿感到无聊，同时，他也觉得这样长期下去，对自己的绘画毫无提升。于是，他打算再次去上海寻找机会。

1915年春天，徐悲鸿将自己的作品寄给了同乡好友——在上海中国公学任教的徐子明教授，请他帮助自己谋一个职位。徐子明收到作品后，就推荐给了复旦公学校长李登辉。复旦公学就是现在复旦大学的前身。李校长看过这些画后大为赞赏，满口答应为徐悲鸿安排工作。

徐子明把消息告诉了徐悲鸿后，他便毅然辞去了在家乡三个学校的教职，第三次奔赴上海。

临行之前，徐悲鸿去向自己的同事、宜兴女子师范学校的国文教员张祖芬先生辞行。当时徐悲鸿因心情苦闷而脾气古怪，基本上没有结交下什么朋友，张祖芬算是他为数不多的几个朋友之一。

张祖芬比徐悲鸿年长很多，他一直非常器重和关怀这个年轻的同事。他送给了徐悲鸿一套《韩昌黎全集》，希望他能够到外面的世界闯出一番事业来。在屺亭桥边送别之时，张祖芬诚挚地说："你年轻聪敏，又刻苦努力，前途不可限量。我没有什么东西可以送你的，就送你一句话吧：人不可有傲气，但不能无傲骨！"

徐悲鸿紧紧地握着张祖芬的手，流下了激动的泪水。从那时起，他终身铭记着这句临别赠言，将它作为人生的座右铭。直到徐悲鸿晚年，他仍旧带着无限温情说："张祖芬先生可说是我的第一位知己呵！"

这年夏天，20岁的徐悲鸿身着一件蓝布长袍，脚穿一双戴孝的白布鞋，带着家乡的泥土气息来到了繁华的上海。

徐子明马上带他到上海复旦公学去见李登辉校长。徐子明比徐悲鸿年长很多，并且身材高大，而他身旁受尽苦难、营养不良的徐悲鸿，就更加显得瘦小了。李校长看着眼前这个农村装束的瘦弱青年大为吃惊，他悄悄对徐子明说："他还是个孩子，如何能工作呢？"

徐子明争辩说："只要他有才华，你何必计较他的年龄呢！况且，他不满足于自己目前的处境，想找份工作，边干边学习，他可是辞去了三个学校的教职而来的呀。"但无论徐子明如何解释，李登辉还是拒绝了为徐悲鸿安排工作的请求。

李登辉校长是一位忧国忧民的海外华裔知识分子，他出生于印尼，从美国留学后来到上海。从复旦公学开始，他在复旦校园服务了四十年，其中做复旦大学校长二十三年，是位大教育家，为发展复旦大学作出了巨大贡献，被誉为"人伦师表"。李校长没有按先前的承诺给徐悲鸿安排工作，不是他不讲信用，不爱惜人才，只是眼前的徐悲鸿实在是太弱小，完全不像个能独立工作的大人。

徐悲鸿找的第一份工作落空了，他流落在上海，无所事事。不久，徐子明接受了北京大学的聘请，离开了上海。秋天到了，阴雨连绵。徐悲鸿身上的钱全部用光了，吃饭都成了问题，他只好把身上的布褂和铺盖送到典当行，勉强换来两三天的口粮。

正当徐悲鸿不知所措之时，他接到了徐子明的来信。徐子明在信中说，他已经拜托了商务印书馆的恽铁樵为徐悲鸿找工作，他让徐悲鸿赶紧去见他。徐悲鸿带上了自己的画，来到了商务印书馆。恽铁樵看了徐悲鸿的画，说："我们出版的教科书需要插图，你再画几张人物画拿来看看。"

徐悲鸿用了两天时间专心地画了几张人物画，然后又来找恽铁樵。

恽铁樵很满意，他说："你画得比别人好，工作的事十之八九没问题，你回去等消息吧。"

徐悲鸿满心欢喜地回到了小旅馆，期盼着录用的通知能早一天来到，可这一等就是半个多

月，没有任何消息传来。

稠密的秋雨绵绵不断地下着，仿佛要给大地织起一个阴冷的细网。徐悲鸿实在熬不住了，便冒雨去找恽铁樵。恽铁樵说："工作的事差不多了，过几天你就可以搬过来，吃、住都在这里，晚上还可以补习法语，祝贺你呀！"

徐悲鸿兴奋至极。当他踩着湿漉漉的街道走回旅店时，虽然雨还在不停地下着，寒风卷着冷雨扑打着他的身体，但快乐已经使他暂时忘记了饥饿和寒冷。他连忙给母亲写信，详细叙述他已找到工作，希望母亲不要挂念。他也给北京大学的徐子明写了同样的信，对这位老乡的热心帮助表示感谢。然后，徐悲鸿冒雨把信投进邮筒寄了出去。

当他迈着轻快的脚步回到旅店，正打算熄灯休息的时候，突然响起了一阵急促的敲门声。徐悲鸿慌忙披衣下床，打开门却看见恽铁樵先生神情尴尬地站在门口，手里拿着一个纸包。见徐悲鸿后，他说的第一句话就是："事情绝望了。"

徐悲鸿接过纸包，打开，里面除了自己的画

外，还附有一个名叫庄俞的人的批札：“徐悲鸿的画不合用。”

这个消息无异于晴天霹雳，徐悲鸿愣愣地，半天缓不过神来。一种难以遏制的痛苦和失望强烈地冲击着他年轻的胸膛，他不顾一切地狂奔到黄浦江边。沦落上海的苦闷与彷徨，找不到工作的烦恼与打击，再加上凄风冷雨，饥寒交迫，已经把一个血气方刚、豪气干云的青年折磨得精疲力竭。奔腾而混浊的江水汹涌地冲击着江岸，远方的汽笛尖锐地嘶叫着。徐悲鸿已经濒于绝望了，他想在这滚滚不息的黄浦江里结束自己年轻的生命！

徐悲鸿感到呼吸困难，浑身像着了火一般，有一种燃烧般的痛楚。他猛地扯开衣襟，让无情的风雨打在他的胸膛上。当一阵刺骨的寒冷从心窝迅速传遍全身的时候，他打了一个战栗，一下子从死亡的阴影中走了出来，他慢慢地清醒了，恢复了理智。他想起了父亲临终时的教导，想起了自己曾经有过的豪情壮志……他低声对自己说：“一个人到了山穷水尽的地步而能够自拔，才

不算懦弱啊！”

徐悲鸿挪动沉重的脚步，郁郁地返回旅店。

傍晚时分，小旅馆的老板已经来催过徐悲鸿交房租了。如今，老板从徐悲鸿失魂落魄的神情上，料到他已经没有找到工作的希望了。于是他晃动着肥胖的身子走到徐悲鸿面前，说他已经欠了四天的钱，再不交钱就马上走人。

此时，徐悲鸿已是身无分文，他用自己带来的箱子和铺盖抵了房租，两手空空地被赶出了旅馆。

天色已晚，徐悲鸿看着四周的高楼和匆匆走过的人群，不知自己要到哪里去。他茫然四顾，包围他的，是一片无边的沉沉的黑夜。天空飘洒着细雨，打湿了他单薄的衣服。他用手梳理了一下被雨水淋湿的头发，然后抬起沉重的双脚朝着家乡的方向走去。

徐悲鸿三赴上海，以求职失败告终。

故乡的水土不仅把徐悲鸿从小哺养大，而且在他人生最低谷的时候，一次次地收留了他，默默地为他治疗着遭受严重创伤的心灵。如今，屹亭桥畔那所小屋依旧顽强地屹立在风雨之中，但是这个家却已经家徒四壁了。弟妹们都失学，在田地里劳动，母亲那裹在粗布衣服里的身子也更加瘦削了。她像世界上所有的母亲那样，默默地将痛苦咽在肚里，不对儿子吐露。徐悲鸿也不愿对母亲说出自己的苦恼，他们互相隐忍着。

然而，徐悲鸿那颗年轻驿动的心却没有屈服，它犹如路边被践踏的小草一样，仍旧要向着广阔的天空，向着阳光和雨露，努力地探出头来。徐悲鸿把自己的悲哀和苦闷，向镇上一位和善的民间医生法德生先生倾诉，善良的医生十分爱惜徐悲鸿的才华，有心资助他。但一个以行医糊口的民间医生，哪里拿得出一大笔钱呢？于是他邀请了镇上的一些朋友，也就是那些朴实的小手工业者们，大家集腋成裘地拼凑了一笔钱，送给了徐悲鸿。

徐悲鸿含着眼泪接过这笔钱，心情久久不能平静。他深知这些乡亲们的生活也十分艰难，他应该怎样刻苦努力、发奋学习，才能报答乡亲们的关怀和爱护呢？他暗暗下定决心：此生决不辜负

乡亲们的期望！

徐悲鸿决定再去上海，如果上海还不行，那就去北京，他发誓不管怎样，这次一定要闯出个结果，否则决不罢休。徐悲鸿在家没待几天，便带着乡亲们给他凑的钱，与同乡一位做蚕茧生意的唐先生一起，回到了上海。这是徐悲鸿四赴上海。

这一次，徐悲鸿在上海遇到了自己的恩人黄震之和黄警顽，正是在他们的帮助下，才在上海有了一个立锥之地，站稳了脚跟。然而，天有不测风云。这年年底，黄震之先生赌败，几乎破产，他已不能再给徐悲鸿任何帮助了。而黄警顽只是个小职员，收入微薄，还要奉养老母，徐悲鸿也不愿开口向他告贷。在走投无路之际，徐悲鸿画了一幅马，寄给上海审美书馆馆长高剑父、高奇峰兄弟。

徐悲鸿很快就收到了高剑父的回信，信中称赞徐悲鸿画的马“古之韩干，无以过也”。意思是说：徐悲鸿画的马比唐代大画家韩干画得还好。

除了盛赞徐悲鸿画得好外，高剑父还邀请徐悲鸿再为“审美书馆”画四幅仕女图。

画马被赞，又有新的约稿，徐悲鸿理应高兴，可眼前的处境却让他实在兴奋不起来。这时，徐悲鸿身上只剩下五个铜板，而四幅仕女图至少需要一星期才能画完。怎么办？

每天清晨，徐悲鸿带着辘辘饥肠，走上晨雾迷蒙的上海街头。繁华的夜市随着黎明而消失了，商店都沉睡在梦乡里，只有早点铺冒着腾腾热气，豆浆、油条、烧卖、小笼包子、排骨汤面等等，发出诱人的香味。徐悲鸿手心里捏着一个铜板，就如同捏着一块金子一样，唯恐丢失了，因为他要靠这个铜板维持一天的工作，要靠它度过漫长的一昼夜呵！

最后，他停在一个卖糍饭和油条的小摊前。一个铜板可以买到一个糍饭团，如果夹上一根油条，就需要付两个铜板。徐悲鸿只买了一个不夹油条的糍饭团。这是一种蒸熟了的糯米饭，小贩从饭盆里用手指抓一把糯米饭，放在一块潮湿的白布上，然后将布卷起来，双手一搓，便搓成了一个饭团。由于糯米饭有黏性，能多消化些时候，徐悲鸿才选择了它，就靠它支持一天的工作。他常常因为饥饿而心慌，握着画笔的手也变得软弱无力，但是他竭力撑着。

到了第六天和第七天，已经一个铜板也没有，完全断食了。握着画笔的手开始颤抖，不能听从意志的支配。眼睛也渐渐模糊起来，仿佛有无数的黑影晃动，它们忽然变成一片黑暗，冒出许多金星。他连忙伏在桌上，等待一阵晕眩过去，他又抬起头来，重新拿起画笔；随后，又是一阵晕眩……

徐悲鸿终于画完了四幅仕女图，他夹着它们赶忙送往审美书馆。上海的街头正是漫天风雪，寒风裹着湿雪，扑打着徐悲鸿年轻的脸庞，洒落在他单薄的衣服上。肚子早已不停地咕咕叫了。此时的徐悲鸿深切体会到了饥寒交迫的含义！

看门人从窗户里伸出头来，高声地对徐悲鸿说：“今天下雪，高先生不来！”随即将窗户关上了。

“那么，明天来不来呢？”徐悲鸿惶恐地问。

“明天是星期天，照例不来！”看门人隔着窗户回答。

徐悲鸿只好将画交给看门人收下。难以忍受的饥饿，使他感到有一种即将倒下去的晕眩，虽然已经十分寒冷，他仍不得不脱下身上单薄的布衫，送进黑沉沉的当铺。

回来的路上，震旦大学的招生广告吸引住徐悲鸿，他鼓起勇气报名应考，竟被录取了。但是衣食尚且不继的徐悲鸿，如何去筹措这笔学费呢？徐悲鸿久久地徘徊在震旦大学门前，苦苦思索。终于决定腼颜去向一位并非富有的同乡阮翟光先生告贷。

阮先生是一位经营缫丝的小商贩，待人诚恳，和蔼可亲。阮先生很慷慨地借给他二十元钱，又看了徐悲鸿带去的近作，十分高兴，热情地勉励他，并挽留徐悲鸿在家吃了晚饭。这是很久以来，徐悲鸿第一次吃到的一顿饱饭。

徐悲鸿在震旦大学读的是法文学。这并非是他想放弃学画的志愿，而是打算学好法文，将来寻觅机会去法国巴黎半工半读。每周只有星期四

下午无课，徐悲鸿便练习素描，有时对着镜子画自己，有时画同学。

有一天，徐悲鸿正在画素描，忽然接到高奇峰的来信，急忙拆开，高奇峰除称赞徐悲鸿的画外，并寄来四幅仕女画的稿酬五十元。徐悲鸿连忙放下画笔，快步走到阮翟光先生家里，偿还了欠债。阮翟光先生分外高兴，又介绍几位朋友的子女跟徐悲鸿学画，使他每月略有收入。

在经历了那么多艰难困苦之后，生活的航船似乎越过了险滩、暗礁，现在来到了一条风平浪静的河面，徐悲鸿在上海开始了半工半读的大学生活。

关于徐悲鸿年轻时四赴上海的这段人生经历，央视“百家讲坛”主讲人吕立新先生在《徐悲鸿：从画师到大师》一书中有过一段非常精彩的总结。他说：

> 异常艰难的生活，磨砺了青年徐悲鸿坚韧的性格，同时也为他打下了扎实

的艺术功底。他四赴上海，独闯天下，在中国最繁华的大都市当尽衣物，受尽屈辱，但他不抛弃、不放弃，愈挫愈勇，特别是在走投无路之时，他仍能以"山穷水尽而能自拔，才不是懦夫"的精神自励，表现出了一个青年人与命运抗争，向不可知未来挑战的决心和勇气。

看到徐悲鸿的经历，我们不禁要问：当一次又一次的困难袭来的时候，是什么力量在支撑着这个瘦弱的年轻人呢？我想，这便是他在少年时期就立下的要改变自己命运，要有大作为的凌云壮志。

通过青年徐悲鸿四赴上海，我们也深刻地体会到：对我们每个人而言，生无法选择，但命运却可以改变，这也许就是生命的精彩所在。但是，任何人，纵然是像徐悲鸿大师这样的天才，成功也不会轻而易举地得到，都要经过一番

刻骨铭心的探索、追求。正如《真心英雄》这首歌唱的那样:“不经历风雨,怎么见彩虹,没有谁能随随便便成功。”

此刻,当我们把这些老生常谈的道理又说一遍的时候,我们已经距悲鸿大师四赴上海将近一百年了。大师的经历不可复制,我们已经处在一个物质高度发达的年代,朋友们也不需要为吃饭再去当衣物,我们对成功的理解也变得多元了,我们的时代在变。但是,我认为,不管世事如何变幻,有一条道理永远不会改变,那就是:梅花香自苦寒来。

七　取名“黄扶”

徐悲鸿一生都不会忘记，自己当年在上海走投无路时，向他伸出救援之手的黄震之和黄警顽两位恩人。为了纪念这两位姓黄的恩人，他曾经以“黄扶”之名去投考震旦大学。

徐悲鸿第四次到上海后，他和同行的唐先生找了一家旅馆住了下来。唐先生每天都外出谈生意，徐悲鸿则一个人留在旅馆里看书作画，无聊地打发时光。

一天，天空阴沉沉的，纷纷扬扬地飘着浓密的雪花，它们快活地在冷风中旋舞，然后静静地落在屋顶上、树木上和街道上，给大自然镀上了一层发亮的银色，使零乱的街景变得整齐而美丽。徐悲鸿立刻打开了他的画具，画了一幅写生

的水彩画——《雪景》。在这幅小小的画面上，漫天大雪飞舞着，洁白的积雪铺洒在家家户户的屋顶上和路旁那些纵横交错的树枝上。在泥泞的街道上，湿雪融化了，行人耸着肩，缩瑟着身子，匆匆而行，仿佛十分寒冷的样子。徐悲鸿将这幅雪景装在一只镜框里，挂在墙上，准备托唐先生带回屺亭桥镇，赠给史先生，也是一位曾慷慨解囊帮助过他的人。

忽然响起一阵敲门声。徐悲鸿打开门，眼前站着一位穿着讲究的中年人，他是来找唐先生谈生意的。此时的徐悲鸿还不知道眼前这个“贵人”，会给他今后的人生以极大的帮助。

徐悲鸿客气地将来人让进房间，并告诉他唐先生不在。

这个人便坐下来，一边抽烟，一边等待。在烟雾缭绕中，他无意间看见墙上挂的这幅《雪景》，越看越入神，边看边不停地点头称赞说：“画得如此逼真，真是一幅少有的佳作呀。”然后转身问徐悲鸿：“你知道这是哪位画家画的吗？”

“是我画的。”徐悲鸿应道。

中年人很吃惊，瞪大眼睛说：“看你这么年轻，没想到竟有如此技术！这幅画我买了。”

徐悲鸿说：“这张画我已经答应送给朋友了，不能卖。”

“那么请问，你今后打算去什么地方呢？”中年人又问。

徐悲鸿答道：“北京。”

中年人用十分关怀的口吻说：“北京现在正是天寒地冻的时候，我看你身上的衣服单薄，不足以御严寒，还是留在上海慢慢设法吧！”

徐悲鸿说：“不，我还想到北京看看那些雄伟的宫殿呢！”

话没说完，唐先生回来了，随即中年人与唐先生聊起了生意上的事，徐悲鸿借口买点东西就走出了房间。

当徐悲鸿回到旅馆时，那个中年人已经走了。唐先生高兴地告诉他：“刚才来的那位叫黄震之，是上海有名的富商，也是一位颇具鉴赏力的收藏家，他非常欣赏你的画，认为你是可造之才，愿意帮助你解决生活上的困难。你就算去了北京也未必能谋到合适的职业，不如先留在上海看看情况再做决定。”

这样，徐悲鸿接受了黄震之的邀请，搬到了“暇余总会”去住。“暇余总会”说是一所俱乐部，其实是个赌场，晚上开盘，天亮休息。黄震之先生在会中租了间房子，以备休息和吸烟时用，徐悲鸿就被安排住在这间屋子里。徐悲鸿每天看着那些围绕在赌桌边的赌徒们，听着“叮叮当当”、“哗哗啦啦”的响声中夹杂着人们的喊叫声、吆喝声和咒骂声，一种厌恶之感充满心头，他像逃避瘟疫一样跑出去。最初，他只是在街上徘徊，后来他找到一家夜校补习法文。黎明以后，赌徒们散尽，“暇余总会”又变得鸦雀无声，徐悲鸿便伏在那十分宽大的赌桌上，用心作画。

时间就这样一天天地流逝着。转眼又到冬天，“暇余总会”忙于修整和粉刷房屋，准备新年大赌，徐悲鸿只好搬出去，住到新结识的朋友黄警顽的宿舍里。黄警顽是商务印书馆门市部的营业员，徐悲鸿常去那里站读，日子久了，彼此就交谈起来，渐渐产生了友谊。这位比徐悲鸿年长几岁的营业员对待所有的人都很热情，丝毫不因徐悲鸿只站读不购书而冷淡他。

天有不测风云。这年年底，黄震之赌败，不能再给徐悲鸿任何帮助了。在徐悲鸿生活最困难的时候，黄警顽向他伸出了援助之手。

黄警顽喜爱武术，每天练习谭腿功夫。为了帮助徐悲鸿，黄警顽叫徐悲鸿画一套《谭腿图说》的挂图。每日下班后，黄警顽摆架子，徐悲鸿画，共画了一百多幅。黄警顽把挂图推荐到中华书局出版，得了三十元稿酬。这是徐悲鸿一生中第一次靠卖画所得的巨额收入。

上海有一位画家叫周湘，当时任职于徐家汇天主堂的土门湾油画馆，徐悲鸿对他慕名已久，很想向他请教。黄警顽便托人介绍，并陪着徐悲鸿登门拜访。

周湘和徐悲鸿一见如故，相谈甚欢，他十分欣赏这个年轻人的才华，鼓励他要下苦功，将来成为一名大画家。周湘是留学欧洲回国的，对外国的美术家和美术史都很熟悉，徐悲鸿从他那里学到不少知识，又看了周湘的大量藏品和画作，大开眼界。

黄警顽在《记徐悲鸿在上海的一段经历》一文中回忆道：

> 那时，上海有一位名叫周湘的油画家，是江苏嘉定人……周湘看上去还不到五十岁，对于这位青年画家一见如故，初次见面，就畅谈了整个下午。第二次拜访时，他带去了自己的几幅中国画和西洋画。周湘很赏识这些作品，说表现技法已经具备成功的条件，只要再下苦功，在不久的将来，一定会成为一鸣惊人的画家。周湘对欧洲美术史、法国和意大利的各派绘画大师的生平和作品都非常熟悉，读得很多。他让徐悲鸿欣赏了他的收藏和自己的历年作品，使这位青年画家大开眼界……徐悲鸿虽然只向周湘请教过四五次，却得益不少，把他当做老师看待。周湘后来曾把他的

一套四本的西洋画册送给徐悲鸿，那是他的一个学生、上海著名绸布号协大祥的老板丁方镇代他印的。

在黄警顽的帮助下，徐悲鸿还认识了一些商人，并教一位商人的儿子和几个钱庄学徒画画，每月有了十多块钱的固定收入。

后来，徐悲鸿考取了上海震旦大学。震旦大学校长一一召见新生，叫到“黄扶”名字时，徐悲鸿应声走进了校长室。原来徐悲鸿在报名时，改名“黄扶”，以纪念黄震之和黄警顽对他的帮助。

校长询问徐悲鸿的学历时，触动了他心中的创伤，勾起他对悲伤往事的回忆。这位受尽生活磨难的年轻人，种地、流浪、教书，再苦再难他都咬牙坚持着不曾流过一滴眼泪，可今天当他即将第一次走进大学校门时，他却再也无法控制住自己的情感，任凭泪水挥洒。他想要把这一切都说出来，但是，他翕动嘴唇，发不出声音，好像有什么东西堵塞在他的喉咙里，泪水顺着他的面

颊滚滚流下。

校长的目光落到他那双戴孝的白布鞋上，关怀地问道：“你戴谁的孝？”

徐悲鸿哽咽地回答：“父亲。”

校长温和地抚慰说：“努力读书吧！勤学可以使人忘记悲痛。”

徐悲鸿成名以后，没有忘记这两位恩人。在黄震之先生六十岁大寿之际，徐悲鸿还曾为他画过一幅肖像。画面是一位身着长衫的老先生，慈眉善目，神态安详，背靠着苍松翠柏，悠然坐于石上，旁边是翠竹与秋菊。落款是“震之黄先生六十岁影”。徐悲鸿还在祝寿图上题了一首长诗：

饥溺天下若由己，先生岂不慈！
衡量人心若持鉴，先生岂不智！
少年裘马老颓唐，施恩莫忆仇早忘！
赢得身安心康泰，矍铄精神日益强。
我奉先生居后辈，谈笑竟日无倦意。

为人忠谋古所稀，又视人生等游戏。

纷纷来世欲何为，先生之风足追企。

敬貌先生慈祥容，叹息此时天下事！

在黄警顽生活无着之际，徐悲鸿请他到国立北平艺专主管总务，后来又转入中央美院。20世纪50年代初的美院学生，大多还会记得这位个头不高的瘦小老头。一位当年徐悲鸿的学生曾经这样描述：

我1948年入学住校，黄警顽先生就住在楼上，给了我们新生很多的照顾。那时他孑身一人，未老先衰，走路驼背，全校师生他都能叫出名字来，哪个人有困难，他都会帮忙，好人一个啊。徐悲鸿先生念旧，亲自来看黄警顽先生的起居，逢年过节请他到家吃饭，都派汽车来接的，一谈就谈到半夜。可惜在徐悲鸿先生逝世后，1957年黄警顽被划为“右派”，最后惨死于“文革”中。

徐悲鸿一生多坎坷，庆幸的是他每逢危难之际，常有好人扶持，在他的人生道路上，还有两个姓黄的人曾经给过他极大的帮助，他们是黄孟圭和黄曼士兄弟。

1924年，是留学欧洲的徐悲鸿人生最困难的一年，在走投无路的情况下，他贸然写信给法国总领事赵颂南寻求帮助。赵颂南拄着拐棍，坚持爬上徐悲鸿住的楼顶去看他的绘画作品。这个衣食简陋却发奋努力的留学生，让赵颂南大为感动。在徐悲鸿手头最紧的时候，赵颂南送他五百法郎，解其燃眉之急，万分感激的徐悲鸿画了一幅油画《赵夫人像》，送给赵颂南。

赵颂南当年还曾经在法国帮助过周恩来。与徐悲鸿同样年轻的周恩来，当时正在法国从事革命活动。法国当局通令驱逐周恩来，找到中国领事馆。赵颂南买了船票，送周恩来上轮船去另一个国家。过些日子，周恩来又悄然回来，赵颂南佯装不知。赵颂南晚年时，总是以骄傲的心情，和后辈谈起周恩来与徐悲鸿这两个当时二十多岁的年轻人，说他们特别英俊，特别有出息。事实证明，赵颂南有眼力，这两个人或从政，或从艺，在中国当代史上都有着重要的地位。

正是在赵颂南的帮助下，徐悲鸿才结识了改变他人生命运的黄孟圭先生。那天，黄孟圭到领事馆拜访赵颂南领事。非常凑巧的是，徐悲鸿也来到领事馆，查询自己中断多时的留学生官费。在赵颂南的引荐下，留法的徐悲鸿与留美的黄孟圭一见如故。这位后来被徐悲鸿尊称为大哥的南洋华人，此时的出现恰如一场及时雨，给徐悲鸿带来了人生的转机。

次日，黄孟圭如约前往徐悲鸿家欣赏画作。当时徐悲鸿住在巴黎一栋楼房的顶层，其实是第七层阁楼，房屋面积较大，可以用作画室，租金也相对便宜。黄孟圭曾患关节炎，痊愈后留有腿疾，一步一拐登上七层。黄孟圭欣赏徐悲鸿画作时，钦佩不已，但也感受到画家的窘迫。听徐悲鸿坦率相告困境后，决定相助。

黄孟圭出身于闽南望族，毕业于美国哥伦比亚大学，获硕士学位，乃新加坡侨界巨商。黄姓族人、上海中南银行老板黄奕柱每月寄二十英

镑，供其留学所用。黄孟圭将这笔生活费分给徐悲鸿一些，以勉强度日。不久，南洋华商陈嘉庚捐助厦门大学，电催黄孟圭回国任厦大校长，眼见徐悲鸿的留学官费没恢复，连回国路费都不够，黄孟圭写信给在新加坡经商的二弟黄曼士，请他帮忙。黄曼士邀请徐悲鸿到新加坡作画。

黄曼士是新加坡著名侨领和名士，常收藏字画古玩，广交学者名流，平时仗义疏财、乐善好施。黄曼士在新加坡的房子，宏伟华丽，气派非凡，一间宽大的客厅，全部中国式布置，红木镶嵌螺钿的桌椅，古董字画，琳琅满目。这一座大厅，便是新加坡当年有名的“百扇斋”。

徐悲鸿到新加坡后，经过短暂的接触，黄曼士便被他的才华和人品所折服，再加上几分对他艰难处境的同情，黄曼士很快便与徐悲鸿建立起深厚的兄弟情谊。

1926年新春的前夜，徐悲鸿在黄曼士宴请他的餐桌旁沉默无语，情绪低沉。黄曼士担心地问他，是作画太累了，还是身体不适。徐悲鸿突然掩面大哭，黄曼士非常惊愕，问徐悲鸿有什么心事。

徐悲鸿如实相告，他失态的缘由，是想起了远在法国的妻子蒋碧微，这是八年来第一次不在蒋碧微身边度过的除夕之夜，他担心她付不起房租，可能连买面包的钱也没有，他实在没心思吃年夜饭。

黄曼士为徐悲鸿的患难之情感动，问他需要多少钱。徐悲鸿说，至少五百法郎。黄曼士当即拉着徐悲鸿，到附近邮局给蒋碧微电汇八百法郎。徐悲鸿感动地说，我不知道将如何报答你。当晚他举杯畅饮，大醉，至次日傍晚才醒。

此后，徐悲鸿终生称黄孟圭和黄曼士为大哥、二哥。徐悲鸿在海外的艺术人生，以在巴黎的七年为最长，而居住新加坡前后五度为次数最多。黄曼士对徐悲鸿的艺术生涯，甚至婚姻，均产生过重要影响。

徐悲鸿在新加坡期间，黄曼士四处活动说服，他对侨领们说：“有钱有地位之人物，百年之后无人能知之者，唯有生前请名家画像，岂不是与名画同千古。”言之成理，听者亦乐从之，于是陈嘉庚等华人侨领皆迈步“百扇斋”，甚至连英国驻新加坡总督汤姆士，也移驾“百扇斋”，徐悲鸿为总督创作了巨幅全身戎装油画像，得酬金二千五百元，可谓丰厚。经过半年的辛苦，徐悲鸿“得款数千金”，满载而归。

为了报答黄孟圭、黄曼士昆仲对自己的鼎力相助，徐悲鸿为他们作画写字，可谓有求必应，不遗余力。据他们的一个朋友黄火若回忆：

> 悲鸿日常作画，曼士总是站在旁边，或坦诚地提供意见，或由衷地加以赞许，遇有较突出的作品，只要黄老稍微示意，他便立刻题了上款送给他。徐氏曾送给曼士一匹野马，并用汉碑体题词：芳草得来且自饮，更须日计尉本生。他又赠孟圭一幅水墨野马，时人誉为精品。是年九月，悲鸿为“百扇斋”题字，又作文说：“曼士聚扉不厌其多，言百者兴成数也。”悲鸿遂将自己两次买来的扇面悉数赠给了曼士，百扇斋主人

开心极了。

我们知道，徐悲鸿的《八骏图》极为有名，他还曾经给黄曼士画过一幅《春山十骏》以表兄弟情深。徐悲鸿在画面上题跋曰：

四皓九老七贤会，
此幅应为八骏图，
多写几驹来凑数，
其中驽骀未全无。

落款是：“曼士二哥一笑，卅年秋，弟悲鸿。”徐悲鸿在跋文中所提到的四皓、九老和七贤，分别是中国秦汉时期、唐代与北魏时期一些远离世俗生活的隐士们，它们经常把酒聚会，吟诗纵歌，后来这种反映致仕生活的尚齿之会延至北宋成为习俗，也因此受到了众多文人雅士的效仿。

可见，四皓、九老、七贤都是中国人物绘画中的传统题材，而作为传统画马的模式，画八骏

应为惯例。徐悲鸿打破传统的约束，在八骏的基础上再画两匹，将八骏变为十骏，而这一举动只为博得曼士二哥一笑。

徐悲鸿的一生受到贵人相助可谓多矣，黄孟圭和黄曼士更是与徐悲鸿亲如手足。再联想到前文提及的黄警顽、黄震之，由此可见，“黄”姓确是徐悲鸿一生的幸运姓，他给自己取名“黄扶”的确名副其实。

八　悲鸿画马

徐悲鸿一生最擅长画马，以奔马闻名于世。究其因，盖徐悲鸿自己就是一匹千里马，他精心绘制的一幅幅奔马图，既寄托着自己天马行空、驰骋天下的人生理想，也从更深层次上流露出了自己默默地等待着识马的伯乐。

1931年，徐悲鸿曾经创作过一幅代表性作品《九方皋》。这幅约七平方米的油画作品，取材于中国历史典籍《列子》，这里面也寄托着徐悲鸿的理想和追求。

九方皋，是春秋时期很有识马本领的一个人。但是，人们只知世有伯乐，却不识九方皋。一天，秦穆公希望以相马闻名的伯乐在自己的儿孙中找一个继承人。伯乐说：“我的儿孙中没有合

适的人选，不过我可以给您推荐一个人，他虽然只是个挑柴卖菜的农夫，但识马的本领却不在我之下。”伯乐所说的正是九方皋。

秦穆公便派九方皋去物色一匹千里马。

九方皋跑了许多地方，花了整整三个月，观察了无数的马。最后，他找到一匹中意的黑色雄马，回来向秦穆公汇报。秦穆公很高兴，问他：“你找的马是什么颜色的啊？”

九方皋答：“黄色。”

秦穆公又问：“是雄马还是雌马？”

答：“雌马。”

秦穆公让人把马牵来一看，却是一匹黑色的雄马。大怒。对身边的伯乐说：“九方皋这个人，连马的颜色和雌雄都分不清，怎么能辨出马的好坏呢？”

伯乐答道：“九方皋在观察马的时候，是见其精而忘其粗，见其内而忘其外，应该看见的他会看见，而无关大碍的那些细节，他是视而不见的。九方皋观察马所注重的，不是马的皮毛，而是马的内在。”

◎《九方皋》

秦穆公听后，让人试了一下这匹马的速度和耐力，果然是一匹世间罕见的千里马。

徐悲鸿的《九方皋》把千里马遇到知己的欣喜，和九方皋虽为樵夫，却具有远见卓识的风度，都表现得淋漓尽致，极其生动地塑造了九方皋朴实智慧的形象。画面上，在土红色的山坡上，马群中间，一位马夫牵着一匹黑色骏马走来。九方皋稍稍举头，嘴微张，挺直腰板，伸出右手，目光炯炯地注视着眼前这匹马，终于找到了一匹好马，他像是被深深地打动了。

关于《九方皋》的创作背景，徐悲鸿的学生艾中信曾经有一段记述：

大家知道徐先生善于画马，从创作的成就来看，可推以相马为题材的《九方皋》为杰出之作。我曾多次听到他讲过两句话："人须无傲气，但必具傲骨。"他在旧社会用"独持偏见，一意孤行"来表明他处世治学的态度，是对奴颜媚骨、追腥逐臭者流的抗议。他画傲骨嶙峋的野马，而不画膘肥毛滑的鞍马，就是为了表明"必具傲骨"的为人品格。他创作《九方皋》的用意是讥刺国民党当权派的不识人才，而在画面上所表现出来的是九方皋的一身傲骨。

徐先生很少对我们讲他自己的画如何如何，但关于《九方皋》曾讲过一些。他曾鄙夷地指着那个站在九方皋背后的小丑说，这类蠢材很可笑，摆出那副架势，着实讨厌。我们知道他说这话是有所指的。

《九方皋》上没有出现皇帝老爷，非常醒目地描绘的首先是九方皋，那形容骨相，很好地刻画出一位见识高明、气度豁达的长者。徐先生说九方皋看到这匹骏马内心喜悦，但不露声色，因为见识广，不可能大惊小怪。那匹黑色的骏马，特别是那只发光的眼睛，正和九方皋的表情相反，因为遇到知己而愣然悦喜，这是用人格化的手法，实际上反映着徐先生自己的心情。徐先生画马从来不画笼头，但这匹黑马是带着缰绳的，他说它遇到了知己，就甘心效劳。

徐悲鸿也一直在寻找自己的伯乐和九方皋。1919年，徐悲鸿终于通过自己最擅长的奔马图被伯乐所认识。徐悲鸿画的最早的一匹马，据有关文字材料记载，是他在上海时画给高剑父和高奇峰兄弟的一幅《马》。

当年，徐悲鸿在上海生活陷入困境，受到黄

警顽和黄震之的帮助救援，勉强度日。后来黄震之破产，徐悲鸿搬出“暇余总会”，他的生活又陷入了举步维艰的境地。在万般无奈之下，他画了一幅《马》，寄给了上海“审美书馆”馆长高剑父和高奇峰。

高剑父、高奇峰兄弟是岭南画派的创始人，“审美书馆”是高氏兄弟创立的上海最早的美术出版机构。岭南画派是中国近代画坛的一个重要流派，它融中西绘画之长，注重写生，以强烈的时代感改造中国画，并保持了传统中国画的笔墨特点。除高氏兄弟以外，关山月、黎雄才、赵少昂、杨善深等第二代岭南派画家也是影响极大。

令徐悲鸿意想不到的是，他很快就收到了高剑父的回信，信中称赞徐悲鸿画的马“古之韩干，无以过也”。意思是说:徐悲鸿画的马比唐代大画家韩干画得还好。后来，审美馆将这幅马制版发表，这是徐悲鸿所画之马第一次制版。

韩干，唐代大画家。相传他年少时曾在酒馆打工，后来学画十多年在艺术上有所成就。唐玄宗年间，被召入宫，开始专跟宫中画马名家学习绘画，但进步不太明显，于是韩干干脆改变了只临摹不写生的方法，经常到马厩里去，观察马的习性，研究马的动作，并把各种各样的马都记录下来。韩干常说："我学习画马，马厩里所有的马都是我的老师。"韩干笔下的马，比例准确，千变万化，活灵活现。人们称赞他画的马是能跑动的马，韩干开创了富有盛唐时代气息的画马新风格。

徐悲鸿在《谈高剑父先生的画》一文中曾经谈到此事，他这样写道：

吾弱冠识剑父于海上，忆剑父见吾画马，致吾书，有"虽古之韩干不能过也"之语，意气为之大壮。时剑父先生与其弟奇峰先生，画名籍甚，设审美书馆，风气为之丕变。奇峰亦与吾友善，并因之识陈树人先生，亦艺坛之雄长也。

高剑父称赞徐悲鸿画的马比韩干画得还好，

说明这时候徐悲鸿画的马确实不错，但这句话更多的还是鼓励。大家知道，虽然徐悲鸿以画马闻名，但此时他还是一个穷困潦倒、籍籍无名的落魄青年，他画的马还完全没有形成自己的风格。

徐悲鸿对高氏兄弟甚为推崇。他在1935年出版的《高奇峰遗画集》中题写了“发扬真艺，领导画坛”八个大字，以此赞颂高奇峰先生的功绩。徐悲鸿这样写道：

> 奇峰先生以画负盛名于中外，吾与纳交廿年，而一别十余载。去年七月，吾以其《孤帆》售于法博物院，何期归来，遂已隔世。张女士坤仪以其画集见示，言念旧游，凄然泪下，庶几其泣鬼神而惊风雨者，不随其魂魄而长往也。

在上海期间，徐悲鸿还曾经为哈同花园的总管姬觉弥画过一幅《三马图》，这是现存徐悲鸿较早的画马作品。画左侧题：“已未新春写奉觉弥先生永念，悲鸿。”这幅画基本上是以写实留影

◎《三马图》

为主，不是正宗的国画，应该属于水彩画。画中骏马、松树，刻画得非常细腻。三匹骏马同时望向一侧，好像被什么吸引了，形象传神，飒爽英姿。这三匹骏马分别用了黑、白、赭三种颜色，并极力表现了马的肌肉的起伏凹凸。从这幅画中

可以看出徐悲鸿这一时期已经开始有意识地去尝试西画的画法：讲透视，重明暗，剖解构，造型也非常准确，光感、质感、动感都很强。

徐悲鸿到上海后，画风已经略有改变，但这幅画仍用水彩法，乃是迎合外国人的需要。姬觉弥是哈同花园的总管，没有太多的文化涵养，不可能欣赏、了解国画，只不过是附庸风雅罢了，因此徐悲鸿画了这幅精细逼真的水彩画《三马图》送他。

徐悲鸿在绘画创作上，提倡“尽精微，致广大”，对中国画，他主张“古法之佳者守之，垂绝者继之，不佳者改之，未足者增之，西方绘画可采入者融之”。他的画能融古今中外技法于一炉而又有其独特风格。他不但擅长中国画，素描、油画也都有很高的造诣和成就。人物注重写实，传达精神，所画花鸟、山水、走兽，简练明快，富有生气，尤以画马驰誉中外。

“美术之大道，在追索自然。”徐悲鸿说：“吾所法者，造物而已。碧云之松吾师也，栖霞之岩吾师也，田野牛马、篱外鸡犬、南京之驴、江苏老妈子，亦皆吾所习师也。”他说：“我爱画动物，皆对实物用过极长的时间的功。即以马论，速写稿不下千幅，并学过马的解剖，熟悉马的骨架、肌肉、组织，又详审其动态及神情，乃能有得。”

徐悲鸿为了画好奔跑的骏马，常常跟在马车后面，仔细观察马跑动的样子。有一次，他只顾观察，没有注意脚下的路，结果摔了一跤，满身尘土，手、脚、脸都擦破了。他爬起来，又继续追赶。徐悲鸿画马入了迷，整天沉浸在马的世界里。他几乎每天都要画马，他小屋的墙上，贴满了骏马图。功到自然成，徐悲鸿终于获得了成功。

徐悲鸿的大写意法画马，是前无古人的。以马为作画题材，自远古就有。汉代画像砖、画像石上的马，颇见生动。然只见其大势，不见细节和笔墨。在纸绢上画马，以唐代韩干最为精到，唐张彦远称之为“古今独步”。清宫廷画家西人郎世宁用西洋画法画马，虽新奇一时，然终非正

式国画。以大笔挥洒之写意法画马，始创于徐悲鸿，其画生动，开一代之生面。古人画马多取静态，用线条勾勒；徐悲鸿画马则以动态居多，是挥墨的大写意画法。因此，徐悲鸿的奔马图，常有昂首天外、奔蹄如飞、意气风发的不可一世之气概。

这与徐悲鸿西方的求学经历有关。在法国巴黎和德国柏林学习时，徐悲鸿除进行严格的素描练习外，便是到动物园倾注满腔心血地“看马”，和马交知心朋友。他对马的习性、动态作了长期观察，对马的肌肉、骨骼作了精心研究，并画了大量速写，牢牢地打下了画马的基础。

他熟悉了马的气质、马的结构、马的日常活动，在技巧上创造了独特的表现手法，塑造了“一洗万古凡马空”的英姿骏马。这也是他一生追求理想、向往自由的象征。

但徐悲鸿画马真正走向成熟，还是他访问印度以后。1940年，徐悲鸿应印度大诗人泰戈尔邀请，游历了喜马拉雅山之大吉岭和克什米尔等出产良马的地方。在那里，他看到了许多罕见的骏马，它们高头、长眼、宽胸，皮毛似缎一样闪光。它们奔放有力，却不让人畏惧，毫无凶暴之相；它们健康、优美而柔顺，却不任人随意欺凌，并不怯懦。在他心中，这些马胜似一件件美不胜收的艺术品。他经常骑着这些骏马远游，借和骏马的朝夕相处，逐渐了解了马慓悍、勇猛、耐劳、忠实的性格，以至成为马的知交。他对着骏马大量写生，进一步掌握了奔马的最美的神气和姿态，达到了“尽妙”的境界。此时，他已“胸有成马”，画起来挥洒自如，意到笔到，水到渠成，为世人所称道和珍爱。

徐悲鸿曾在一幅群马图上题款曰：“昔有狂人为诗云：一得从千虑，狂愚辄自夸。以为真不恶，古人莫之加。悲鸿时客喜马拉雅山之大吉岭。”

马，是徐悲鸿一生中最爱描绘的题材。他画的奔马，笔墨淋漓潇洒，带着时代的风雷驰骋在画坛上，给当时的中国画坛带来了清新、有力、刚劲的气息。他画的马，无论奔马、立马、群马，都赋予了充沛的生命力。江苏“宜兴徐悲鸿

纪念馆”保存着一幅徐悲鸿早年画的水墨奔马图，原作纵六十八公分，横一百一十公分。这匹马没有马鞍，没有缰绳，在宽广的原野上狂奔，从神态、气势看，是一匹骏马，神骏气昂，奋发感人。画面简淡、高逸，用笔泼辣、凝重，均为徐悲鸿画马的独到之处。这件作品不仅从外形显出奔马的神骏和壮美，更重要的是从内在的精神实质表现了奔马坚毅和敏捷的性格特征，可谓徐悲鸿早年的得意之作，画上无题款，有“东海王孙”钤记。这是1931年徐悲鸿奔走粤西时的箧中遗物，1937年其家人检赠宜兴渡船公周法大。

据渡船公周法大回忆，当年徐悲鸿在宜兴中学做图画教员时，经常乘坐他摇的船往返于屺亭桥和宜兴城间。徐悲鸿的画从小出名，渡船公欲求徐先生画马而又难以启口。有一次被徐悲鸿猜透了他的心思，欣然允诺日后为其作画。后来，徐先生发迹，到南京前中央大学教书，曾托渡船公为他找个合适的门卫。渡船公说：“只有乡下人，名叫史坤生，家住官林义壮村。”徐先生听了连声答道：“乡下人蛮好，蛮好！”当即择日送到南京傅厚岗徐先生寓所。20世纪30年代初，徐悲鸿担任前中央大学艺术系教授时，在南京傅厚岗有一间画室，室内经常挂着一副对联："独持偏见，一意孤行"。据说这是徐悲鸿亲笔摹集泰山金刚经的几个墨底白色大字，很像石碑上的拓印本。由此可见他当时在艺术教育上的主张和他的处世态度。事过不久，徐先生便嘱家人检赠此画给渡船公。1975年夏，渡船公周法大将此水墨奔马图献给了国家，同时还献出一件徐氏早年画的鸡。

古往今来，有多少诗人赞美过马的忠勇，多少画家渲染过马的英姿。魏武帝曹操《龟虽寿》诗云："老骥伏枥，志在千里；烈士暮年，壮心不已。"诗仙李白曾经写下过"扬马激颓波，开流荡无垠"的赞美诗。诗鬼李贺也有"何当金络脑，快走踏清秋"的咏马名句。而今看到徐悲鸿的水墨奔马图，不由使人联想到许多传奇人物：《三国演义》中单骑大战长坂坡的常山赵子龙和跨下赤兔马的关羽关云长，"抗金名将"铁骑大

败金兀术的岳飞，飞骑箭射大明门的农民起义军领袖李闯王……《奔马图》中那气势雄壮、四蹄生风的骏马，奔腾在一望无际的原野上，显示出一股巨大的力量，那强劲的铁蹄，仿佛发出“嗒嗒”的蹄声，催人奋进。

“九·一八”、“一二·八”事变后，徐悲鸿在不少画中寄托着忧国忧民的思想感情，《哀鸣》是这一类作品的代表。这幅画作于抗日战争时期，画家痛恨国民党政府的不抵抗政策，为了激发国人的斗志和表达自己渴望民族解放的忧急心情而创作。这幅画里的马，高昂着头，目视远方:头部用浓墨作平面剪影式概括处理，小心地留白，表现出头部的结构；马的颈部挺立，胸、肚、臀、腿用骨线勾勒，比例精准；马尾与颈鬃使用重墨、干笔用力挥出，飘动飞逸，虚实相生。画面墨色丰富多变，既充分发挥了中国传统写意的简洁与凝练，又结合西画的块面与光影，把马的形体表现得栩栩如生，落款处题写：“哀鸣思战斗，徊立向苍苍”、“秋风万里频回首，认识当年旧战场”等句，表露出徐悲鸿以马喻人的

◎《八骏图》

特点。

在徐悲鸿的笔下，一匹匹奔马奋鬃扬蹄，在广袤的土地上飞奔，骏马英姿，神态各异。有的腾空起飞，有的蹄下生烟。有的回首顾盼，有的一往直前，都仿佛要破画而出。《八骏图》是这类作品的代表作之一。

徐悲鸿这幅八马奔腾的壮丽画卷上，八匹骏马昂首扬尾，勇往直前，气势撼人，表现出中华

民族不屈的精神。以魏碑兼草隶的书法笔意、饱酣奔放的墨色勾勒出头、颈、胸、腿等转折部位，大的干笔扫出鬃尾，浓淡干湿浑然天成，最后用水墨晕染，表现马的立体结构和明暗关系。画面上除了八匹骏马，没有任何其他衬托，留出足够的空间，给人无限的遐想，既突出主体，又有明显的象征意味。

徐悲鸿除了自己画马，还肩负着指导学生画马的重任，他需要一副教具。

1949年初夏，北京车站上满是迎接的人群。一列火车缓缓地驶进火车站。人们一拥而上，热烈地欢迎出席保卫世界和平大会的中国代表团归来。徐悲鸿是代表团成员之一，他的妻子和学生们也挤在欢迎的人群中寻找着他的身影。可是他们却好半天也没有发现徐悲鸿，直到代表团的所有成员都下了车，才看见徐悲鸿抱着一件很大的东西小心翼翼地走下车厢。徐悲鸿的学生宋步云赶紧跑上去把这件很大的东西接了过来。徐悲鸿兴奋地说："步云，这件东西很重要，千万要保护好！”

“老师，这里面包的是什么东西呀？”宋步云问。

“这是一匹马的解剖石膏模型，我从布拉格买来的。回国路上，不管辗转了多少地方，我都是这样抱着它的。你把它送到学校教具组保管好，咱们教学要用的。”

宋步云把这个模型抱到学校后，一看包布，竟然是一件大衣，他心中油然升起一阵深深的感动：“徐老师在千里之外的异国他乡，时刻不忘记学校，不忘记学生，他没有为自己添置东西，反而用自己的大衣包裹一匹马的模型，不远万里抱回祖国，真是一心扑在祖国的美术事业上，这是多么令人钦佩的人格风范呀！”

后来，很多美术学校使用的石膏马解剖模型，就都是借助于徐悲鸿带回来的这个模型制成的。

徐悲鸿对马有一种偏爱。和马在一起，听着马蹄的“嘚嘚”声，看着马迎风奔驰，他觉得是

一种精神享受。他的心仿佛在和马一同驰骋。因此，徐悲鸿对那些和自己一样爱马的人深怀敬意，不管他是贫穷的马夫，还是战功赫赫的将军。

廖静文在《徐悲鸿一生》中回忆，一次在成都坐马车，马车夫是一位和善的老人，他爱马，马养得非常好。他举起鞭子，那匹栗色的、年老的牝马便扬起那好看的蹄子，欢快地向前奔驰了。徐悲鸿喜欢这样待马的好人，走下马车，马车夫正忙着给马预备水和饲料。

“这个给你。”徐悲鸿忽然对马车夫说，一面从手提皮包里取出一幅折叠起来的奔马画。这是他昨天晚上才画好的作品。

马车夫迷惑地抬起他那满是皱纹的前额，眯细着眼睛呆望着徐悲鸿，仿佛没有听懂他的话。

“老大爷，”廖静文从旁解释说，“这是一张画，是送给你的。”马车夫那双混浊的眼睛陡然亮起来，他双手接过画，连声说：“谢谢老爷，谢谢老爷。”马车夫眼角潮湿了，挂起了一滴泪珠。“我碰到好人了，今天一早，我看见一只喜鹊飞到我的窗子上，我就想，兴许有啥子喜事要来。可是，我这个穷老头儿还能有啥子喜事呢？现在，真灵验啦。”他又唠叨开了，同时用右手扯起左臂的袖口，擦去那滴已流到面颊上的泪水。

徐悲鸿握着马车夫那双粗糙得像石头般的手，连声说着“再见”。

“先生，您为什么突然要给一位不相识的马车夫一幅画呢？何况他又不知道您是谁，您是否有点过分慷慨了？”廖静文带着惊异问他。

徐悲鸿十分柔和地回答说：“因为我爱马，也爱善待马的人。你没有看见这个马车夫，他既能非常熟练地驾驭，又能视马如亲人。他对马的爱打动了我的心，使我受到感动，何况他的生活很艰难呢！”

马，最能反映徐悲鸿的个性，最能表达他的思想感情。徐悲鸿画马受到人们的喜爱，除了他所下的功夫之外，更重要的是他倾注于其中的感情，并将这种感情化作一种精神，以马为载体而表现出来。徐悲鸿曾经说过这样一句话："马也和人一样，愿为知己者用，不愿为昏庸制。"

1934年春天，徐悲鸿到莫斯科国立博物馆举办画展，并为观众现场作画。那天，观众把展览厅挤得水泄不通。徐悲鸿从容地磨墨、铺纸，转眼之间，一匹活生生的骏马便出现在纸上了。观众被徐悲鸿的高超技艺征服了，大厅里响起雷鸣般的掌声。这时候，一位身材魁梧的元帅拨开人群，走到徐悲鸿面前，彬彬有礼地说："徐先生，我能要这幅画吗？不然，我会发疯的！"

徐悲鸿被这位元帅的诚意感动了，他点头微笑，挥笔题上字，把这幅画送给了元帅。元帅高兴得像打了胜仗似的，和徐悲鸿热烈拥抱，大声称赞道："徐先生，你不但是东方的一支神笔，而且是世界的一支神笔。你笔下的马，比我骑过的那些战马更壮美！"

新中国成立后，徐悲鸿先生以满腔热情迎接新中国的诞生。他是第一任中央美术学院院长、中华全国美术家协会主席。他带头替英雄人物画像。1950年他在赠中国人民志愿军战士的一幅奔马图上题诗曰：“山河百战归民主，铲除崎岖大道平。”又题画马诗云：“百载沉疴终自起，首之瞻处即光明。”徐悲鸿借马抒情，寄托了人民的爱憎，在奔马驰骋的脚印上，烫着鲜明的时代烙印。

九　结识康公

徐悲鸿在上海求学的时候，结识了一个改变了他一生命运的人：康有为。

康有为，一代国学宗师，人称“康南海”。康有为出身官宦家庭，世代为儒，理学传家，清光绪年间中进士，官授工部主事。他信奉孔子的儒家学说，并致力于将儒家学说改造成为适应现代社会的国教。提起康有为，人们首先想到的便是康有为、梁启超等率领的“公车上书”，以及后来的“百日维新”。康有为是中国近代著名的政治家、思想家、社会改革家，同时他作为一代国学宗师，也是很有成就的书法家、学者。康有为既是清末资产阶级改良派的领袖，也是后来保皇派的首领。

◎康有为

徐悲鸿和康有为是在上海的哈同花园认识的。他们的相识是一种偶然，但是这个偶然却改变了徐悲鸿的命运。

黄警顽在《记徐悲鸿在上海的一段经历》一文，记录了徐悲鸿结识康有为的这段人生经历：

徐悲鸿在园里结识了不少人，尤其

> 是因为受到康有为的青睐，使所有的人对他刮目相看。康有为在那时本来已经很少收弟子，但是仍收了徐悲鸿。拜师礼是在新闸路辛家花园康宅举行的，又是我陪他去的，眼看着他在地毯上对康有为叩了三个头。

黄警顽所说的“园子”，是上海的哈同花园。

有一天，正在震旦大学求学的徐悲鸿，从报纸上看到上海哈同花园附设的仓圣明智大学征求仓颉画像的广告。他便画了一幅仓颉像去应征，目的只是想得到一份稿酬，以贴补生活费用的不足。

仓颉是个什么人物呢?

据许慎的《说文解字》记载:仓颉是黄帝时期一个造字的吏官，他创造了最原始的象形文字，正是因为仓颉的创造，人类才结束了蛮荒走向了文明，所以人们尊称他为“造字圣人”。相传，由于仓颉造字功德感天，玉皇大帝特意赐给了人间一场谷子雨，这也就是今天“谷雨”节气的来历。

文字，原是劳动人民在生活中发明和创造的，但我国古书却记载是仓颉发明和创造的文字。年轻的徐悲鸿便根据古书记载的仓颉“四目灵光”，画了一个身披树叶、长发垂肩、满面须毛的巨人，浓重的眉毛下有四只重叠的大眼睛，射出犀利的光芒。那宽阔的前额似乎蕴藏着无穷的智慧，唇边浮起一抹笑意。这是一幅有一米高的水彩画，明智大学的教授康有为、王国维、陈三立等看到它，无不热烈赞赏。学校立即派汽车去迎接徐悲鸿，打算请他到校讲授美术。

明智大学的总管姬觉弥先生在办公室恭候着徐悲鸿，但走进来的却是一位非常年轻的人，他迷惑地问：“徐悲鸿先生没有来？”

“我就是。”徐悲鸿直率地回答。

“那么，那张仓颉像是谁画的呢？”

“当然是我画的。”

“哦，哦，我以为，我以为……”肥胖的总管结结巴巴地说不下去了。

“先生，您以为我是冒名顶替的吧？”徐悲鸿有点愤怒起来。

“不，不，”总管连忙否认，“我只是，我只是没有想到，你是这样年轻。”

“是的，先生，我在震旦大学是学生，并非教师。”

“我们想请你来，再画几张不同姿态的仓颉像。待遇将是优厚的。”总管微笑着。

“很对不起，”徐悲鸿说，“我目前没有时间，只能等待暑假。如果你们急需，那就另请高明吧！”

“不，不，”总管连忙说，“这里的教授们都称赞你的画，那就等着你暑假来吧！”

时间过得很快，烈日炎炎，盛暑来临了。徐悲鸿顺利地通过了期末考试，便带着简单的行李，住进了明智大学的客房。那是哈同花园内一排向阳的房屋，光线充足，室内有宽大的画案，还有充足的绘画颜料。徐悲鸿有生以来还从未有过这样优越的作画环境。他的同学们开玩笑说：“悲鸿，你真是一步登天啦！以后，你就留在明智大学画画吧！”

徐悲鸿却严肃地说：“他们这些有钱人办学校，弄风雅，自有他们的目的，我有我的打算，我决不会在这里久留。而且不管到了哪里，我都是‘神州少年’、‘江南贫侠’。”

明智大学当时还设有广仓学会，邀请一些名流学者讲学。徐悲鸿因此有机会结识了康有为、梁启超、蔡元培、王国维、陈散原、沈美叔等当时颇负盛名的学者。明智大学又经常在哈同花园内举办私人收藏的金石书画展览，给徐悲鸿提供了极好的学习机会，使他从我国古代优秀的绘画中，汲取了丰富的营养。

在明智大学结识的这些学者中，徐悲鸿对公车上书的康有为深表敬佩。康有为渊博的学识吸引着徐悲鸿，他把康有为当作老师一样看待。康有为不仅在学识上给予徐悲鸿全面指导，甚至邀请徐悲鸿住到了他在新闸路十六号辛家花园的住宅。一边让徐悲鸿帮他为家人和朋友画像，一边让徐悲鸿尽情饱览他几十年的收藏。

康有为是民国初期最早提出“美术革命”的

先驱者，戊戌变法失败后，康有为流亡欧洲。当他看到欧洲各国的美术状况之后，认为“罗马画为全欧第一”，而“我们的国画疏浅，远不如之，此事亦当变法”。康有为不仅明确提出中国画变法的思想，还提出改进中国画不仅关系到中国文明的进步，而且与振兴工商业有极大的关联，应当选派留学生赴欧洲学习。

徐悲鸿为康有为的学识而倾倒，在《悲鸿自述》中写道：“南海先生，雍容阔达，率直敏锐……乍见之觉其不凡。谈锋既启，如倒倾三峡之水……相与论画，尤具卓见。”康有为认为中国画衰败极矣，中国传统文化亟待改革，这些观念极大地影响了徐悲鸿。

康有为在书法上的成就很高，31岁时就写成了著名的书法著作《广艺舟双楫》，从理论上提出“尊碑”之说，大力推崇汉魏六朝碑学。他的书法以行书为最好，主要吸收魏碑的用笔及体势，笔力峻拔，气势开张，形成了自己北碑南帖兼而有之，具有强烈个性的书法风格，成为近代书坛碑派书法创作的主流形态，影响深远。康有为指导徐悲鸿学习书法，并和他谈论绘画的现状，“鄙薄四王，推荐宋法，务求精深华妙，不取士大夫浅率平易之作。”

康有为收藏的书籍、碑帖极为丰富，徐悲鸿都一一浏览，从而对书法产生了浓厚的兴趣。后来，他将“石门铭”、“爨龙颜”、“经石峪”、“张猛龙”等名碑都临摹多遍。在康有为的指导下，徐悲鸿先习魏碑，后习汉隶及大小篆，及至甲骨文、六朝碑刻，无所不习，最后形成了他个人的独特风格。其魄力之雄强、气象之浑穆、笔法之超逸、气势之磅礴、结构之自然、精神之飞动，无人能过。甚至有人说徐悲鸿的书法高于他的绘画。徐悲鸿是个大书法家，得到了圈内人士的公认，其绘画成就之高，却使他的书法常常被人们所忽视。

徐悲鸿在康宅借住之时，曾经为康有为之妻画像。

康有为一生娶过六房太太，其中三太太何旃理是美国一位华侨种植园主的女儿。1914年，康有为定居上海辛家花园后，何旃理不幸患猩红热

去世，年仅24岁。何旃理是康有为最宠爱的一位妻子，曾作缠绵悱恻的《金光梦》纪念她。康有为拿着爱妻的照片，郑重地请徐悲鸿为她画一幅能流芳千古的遗像。

为了报答康有为的知遇之恩，徐悲鸿倾注了全部精力，终于画了一幅令康有为满意的水彩人像画。画中是一位穿着清代服饰的少妇，头挽高髻，仪态端庄，明眸生辉。这位少妇亭亭玉立于一幢洋房的阳台之上，背景是一片苍翠的树林，林后微露一泓清泉，蕴含着逝者生前热爱大自然、热爱生活的个性。这幅画如今被上海博物馆收藏。

在明智大学的日子里，勤奋的徐悲鸿作了许多画，除了仓颉像，还有人物、山水、花鸟、走兽，也画过一些舞台布景。从这些作品上，可以看到徐悲鸿在中国传统技法的基础上，开始尝试结合西洋画的明暗和透视，来表现中国画的空间和体积。虽然它们还很不成熟，但能够看出，他在革新中国画方面已经举步前进了。

明智大学的总管姬觉弥先生对年轻有才的徐悲鸿颇为赏识，优礼有加。当时，校内缺少一位管理学生宿舍的舍监，徐悲鸿便向姬觉弥先生推荐自己的朋友曹铁生来担任，姬先生欣然接受了徐悲鸿的推荐。

曹铁生是徐悲鸿故乡宜兴的邻县溧阳人。徐悲鸿在和父亲流浪卖画时，在溧阳认识了他。他见徐悲鸿勤奋好学，曾将多种欧洲艺术大师们的绘画复制品赠给徐悲鸿。曹铁生是位落拓不羁的旧知识分子，嗜好喝酒，不修边幅，但为人侠义，爱打抱不平，别号“无棒”，取“穷人无棒被狗欺”之意。尽管徐悲鸿在明智大学接触的人很多，但真正能彼此交心的，只有曹铁生。他们有过相同的遭遇：失业和贫困；也有相似的性格：爱仗义执言。他们常常在一起倾心交谈。曹铁生对于明智大学的某些校规，如禁止学生与外界来往，以及某些教授的尸位素餐、庸碌无才等等，都有愤愤不平之感，常与徐悲鸿一起议论。

有一天，曹铁生喝酒回来，借着酒意，当着姬觉弥之面，痛斥该校如何误人子弟，以发泄心

中的愤懑。那位肥胖的姬觉弥先生挺着便便大腹，斜睨着眼睛，用温和的声音对身边的人说："曹先生醉了！你们赶快扶他去睡觉吧！"当天深夜，姬觉弥便叫人将曹铁生的行李扔了出去。

徐悲鸿只好资助他远走汉皋，而徐悲鸿自己也无意再留在明智大学了。他原计划画八幅仓颉像，有立像、坐像，有全身的、半身的，有穴居野外的，也有伫立凝思的。但他只完成了四幅，其余四幅，刚勾了一个轮廓，他也不想再完成了。这些画后来也都随着明智大学的风流云散而不知下落了。

明智大学以一千六百元现洋赠给徐悲鸿。徐悲鸿拿到这笔稿费，决定东渡日本，开始他对世界艺术的探索。

在徐悲鸿赴日本求学之前，康有为特意为徐悲鸿写下"写生入神"四个大字以示鼓励，同时题写"悲鸿仁弟，于画天才也，写此送其行"，既表达了康有为对徐悲鸿这一时期艺术的评价，同时也充满了对这位弟子的无限寄托。后来徐悲鸿从日本归来，在上海又拜见了康有为，谈到想去北京谋前途一事。康有为不仅给予徐悲鸿以鼓励，还给自己的好友罗瘿公写了一封介绍信，嘱咐徐悲鸿到北京后去找他。罗瘿公是当时北京的名士，是一位很有学识而又交游广阔的旧文人，他介绍徐悲鸿认识了当时的教育部长傅增湘，从而使徐悲鸿得到了官费赴法留学的机会。

1925年，徐悲鸿由法国赴新加坡路经上海时，举办了一次汇报画展，还为居住在上海的康有为画了一幅肖像画。康有为对徐悲鸿此时的绘画水平给予高度评价，他说：

> 徐生悲鸿，十年前为我及相国瞿鸿、尚书沈子培画像，惟妙惟肖，其于画盖天才也。后游日本，又学画于法国七年，工力深造，今出所作示我，精深华妙，隐秀雄奇；独步中国，无以为偶。

谁料这次在上海的匆匆相见，竟成了康有为和徐悲鸿师徒二人的永别。

十 一场婚姻

在离哈同花园不远的地方，住着一位年长的宜兴同乡，名叫蒋梅笙，是一位很有国学根底的旧文人，当时在上海大同学院教授国文。由于同乡朱了洲的介绍，徐悲鸿认识了蒋梅笙。

朱了洲是宜兴的一位知名人物，在上海务本女子学校教体育。辛亥革命时，这位有革命思想，体格又十分健壮的青年，为了破除迷信，常常带领着一帮年轻人，在宜兴的庙宇里见到菩萨像就砸。他的弟弟朱一洲后来留学法国，也成为徐悲鸿的挚友。

蒋梅笙夫妇见到才华出众、外貌英俊的徐悲鸿，十分喜欢。他们得知徐悲鸿在家乡的原配妻子亡故以后，至今尚未续弦，对徐悲鸿不幸的身

◎蒋碧薇

世就更多了一份同情。蒋梅笙有两个女儿，大女儿已经出嫁，次女蒋碧微在13岁时便许配给苏州查家，尚未过门。

蒋碧微第一次见到徐悲鸿，是在宜兴的老家。那时徐悲鸿在初级师范教授图画，和蒋碧微的伯父和姐夫是同事，她听到过很多关于徐悲鸿的奇闻轶事。比如他给自己起了个奇怪的名字叫悲鸿，给自己的孩子起名叫劫生；比如他在服父

丧期间，白布鞋里却穿双红袜子；比如他身兼三个学校的课程，天亮后步行三十多里赶路上课，往往中途过家门而不入。有一天，听说徐悲鸿来拜访伯父，蒋碧微借故到客厅走了一趟，偷偷地看了一眼久闻其名的徐悲鸿，但是他的身材相貌并没有给她留下深刻印象。

在上海，徐悲鸿结识了蒋梅笙先生后，经常到蒋家做客。

有一天，蒋碧微无意间听到父母关于徐悲鸿的一段谈话。父亲极力夸奖徐悲鸿，认为他的人品才貌都难得，断定他是一个可造之才。母亲默默地听着，不时颔首。最后，父亲慨叹地说："要是我们再有一个女儿就好了。"很显然，父亲希望能有像徐悲鸿这样一位才貌出众、画艺高超的女婿。但是因为大女儿已经出嫁，小女儿也和查家定了亲，这个愿望是不可实现了。

从那天起，19岁的蒋碧微常常不由自主地将在苏州读中学的未婚夫与徐悲鸿做比较，真觉得有天壤之别。她渐渐被徐悲鸿吸引，偷偷地爱上了他。开始，徐悲鸿并未察觉。直到有一天，蒋碧微听到母亲说，查家明年就要来迎娶了，她便失声痛哭起来，徐悲鸿才好像了解她的心情似地拍拍她的肩膀说："不要难过。"便匆匆走了。

蒋碧微修长的身材、白皙的皮肤、眉目清秀的面庞和那一头闪闪发光的浓密的黑发，是能引起一个画家的好感的。但徐悲鸿正处于父逝妻亡的悲痛心情中，而且他又专心致志于绘画，无暇顾及其他。以至直到徐悲鸿准备东渡日本时，还未曾与蒋碧微有过单独的接触。但蒋碧微那多情的顾盼，有时也牵引他的心。

蒋碧微听到徐悲鸿即将东渡日本，她内心多么想跟着他同去，但是，由于少女的羞涩和已经订婚的种种顾虑，使她只能将这个愿望痛苦地埋在心里。但是，谙于人情世故的朱了洲早已洞察一切，自告奋勇地做了穿针引线的工作。一天，朱了洲对蒋碧微说："假如有一个人想将你带到外国去，你去不去？"

蒋碧微立刻想到了这个人就是徐悲鸿。她勇敢地、坚决地、毫不迟疑地回答："去！"

在那个还被旧礼教统治着的社会和家庭中，

解除婚约是不可能的，唯一抗争的办法便是私奔。她悄悄地留下一封与父母告别的信，伪称自己对人生深感乏味，有去自杀的打算，便匆匆离开了家。

徐悲鸿面对着这样一位热爱自己，并且如此大胆地反抗封建包办婚姻的美丽姑娘，感到一种强烈的魅力和责任，他那颗被深深打动的心开始沉浸在对美好生活的向往中。徐悲鸿很快办好了两人的船票。1917年5月，这对热恋中的情人，从上海登上驶往日本的海轮，开始了客居日本的异乡生涯。

女儿的突然失踪，使蒋梅笙夫妇惊骇忧惧，当他们发现了女儿的告别信时，更是老泪纵横。但父母毕竟了解他们的女儿。他们估计女儿不会自杀，很可能是跟着徐悲鸿一同跑到国外去了。即使如此，这种私奔，也是蒋家的奇耻大辱，将受到众人指责。蒋梅笙夫妇只好伪称蒋碧微暴病身亡，又怕未婚女婿查家发觉，便买了一口棺材，装上许多石头，抬到苏州一家寺庙里存放，这样才算瞒过了查家。

轮船喷着粗大的黑色烟柱，在波涛汹涌的太平洋上乘风破浪前进。身着西服的徐悲鸿与穿着宽袖绸裙的蒋碧微凭倚船栏，凝视着隐约在望的邻国。徐悲鸿追思着中日文化交流的历史，想象着隋唐时代，日本派留学生来中国学习，以及中国的鉴真高僧六次渡海去日本讲学的情景。在这辽阔的海面上，他似乎还能听见古代帆船拨浪前进的回响。蒋碧微见徐悲鸿沉默不语，也没有说话，只是依偎在徐悲鸿的身边。一阵阵海风吹来，那是多么甜蜜而幸福的风呵！他们亲密地、携手并肩地走进了未来的生活。

他们在东京租住了一家日本居民的一间房子，伙食也包给房东太太。于是，他们有了一个暂时的家。美丽的东京以它那明媚的岛国风光和异国情调迎接着许多外来游客。但年仅22岁的徐悲鸿并未流连于山光水色中，也未沉浸在个人感情里，强烈吸引他的，是那丰富多彩的日本美术。

徐悲鸿整天在那些藏画的处所饱览日本美术藏品，他欣喜地看到日本画家已经渐渐脱去了据守古人的积习，能够会心造物，仔细地观察和描绘大自然，在创作上求真务实，达到了美妙、精深、丰富的境界，尤其以花鸟画最为出色。但是徐悲鸿也发现日本绘画仍然存在不足，尚缺少中国文人画的笔情墨韵，无蕴藉朴茂之风。在日本，徐悲鸿还结识了著名的书画家、收藏家中村不折，得见中国流失海外的许多珍贵碑帖。中村不折还将自己翻译成日文的《广艺舟双辑》托徐悲鸿转交康有为。

虽然现存反映日本绘画对徐悲鸿影响的资料很少，但是日本绘画对当年徐悲鸿的绘画技法应该是产生过一定的影响。比如1917年徐悲鸿创作的《康南海六十行乐图》，画中女子们发式的描绘，都充满了对日式浮世绘的理解。

当时，日本的出版业已经相当兴盛，美术杂志从1900年出刊《卧游席珍》以来，十几年间已有《国华》、《日本美术》、《美》、《方寸》、《白桦》和《中央美术》等十余种。这些都足以为徐悲鸿提供丰富的创作资料和日本近代美术的讯息。此外，日本的美术印刷很精美，种类繁多，有一些仿制原画的复制品更吸引徐悲鸿。他经常流连于那些书店或画店，遇到自己喜爱的书籍或美术复制品，便不计价值地买下来。每次回家，他总是抱着一堆书画回来。

“碧微，快来看！”他兴高采烈地叫着，“这简直印得和原画一模一样！”他的眼睛里亮着奇异的光彩。

蒋碧微皱蹙着弯弯的柳叶眉，带着埋怨的语气说：“你总是买这些书画，这样下去，我们带来的钱很快就会用完，将来流落异国怎么办？”

但是徐悲鸿却不能抑制他对艺术如醉如痴的追求，也不能稍减他继续购买书画的热情。最初，蒋碧微只是婉言规劝，多次规劝无效，便继之以口角，接踵而来的，是激烈的争吵，双方都很不愉快。生活就是这样严峻地在一对情侣刚刚开始共同生活的时候，投下了浓重的阴影。蒋碧微敏锐地看出：徐悲鸿的全部身心都放在艺术上。她深深地在心中埋怨，徐悲鸿只爱艺术，并不爱她。这是多么不幸！而徐悲鸿却在想：即使挨饿，不吃饭，也要省下钱来买这些书画，否则，将是

留在心中的遗憾，永远无法补偿。他想，碧微一定会渐渐地理解他。他盼望能将蒋碧微吸引到和他一样热爱艺术的精神领域来。徐悲鸿当时没有看到，也没有想到，留在他们生活画面上的这块阴影是永远擦不掉的，而且将愈来愈浓重。

在东京住了半年，带来的钱很快用完了。生活上的花费并不多，绝大部分都被徐悲鸿用来买了书画。无法继续在东京生活下去，只好归国。他们于这一年年底，乘轮船回到上海。

蒋梅笙夫妇看到深爱的女儿和他们喜爱的女婿双双归来，尽管拆穿了假棺材之谜，受到了一些亲戚朋友的非议，还是喜笑颜开。然而，他们还不知道，女儿与女婿之间已出现裂痕。

徐悲鸿和蒋碧微这一对曾经为了追求自由的爱情而东渡日本的年轻人，最终却各奔东西，没能相守一生……

从日本回国后不久，徐悲鸿携蒋碧微留学欧洲，去了巴黎，过着贫穷的学生生活。在那一段日子里，徐悲鸿像一个文化的乞丐一样沉浸于艺术的世界里，埋头学习，根本顾不上蒋碧微。无所事事的蒋碧微渐渐习惯于坐咖啡馆、跳舞、社会交际等，她和徐悲鸿在对生活的理解、对艺术的认识上产生了极大的分歧。八年留学生活结束回国后，两人的分歧越来越明显，蒋碧微开始极力干涉徐悲鸿的生活，开始时还只是干涉徐悲鸿购买书画，后来就逐渐开始干涉徐悲鸿的工作、创作，甚至是思想。

徐悲鸿还在蒋碧微的干涉下，恋恋不舍地离开了他和田汉共同创办的南国艺术学院。

徐悲鸿留学归来后，在上海南国艺术学院和南京中央大学两所学校任教，他半个月在上海“南国”教课，半个月在南京中央大学教课，在两地间来回奔波。正当徐悲鸿以旺盛的精力从事教学和创作时，来自家庭的干扰，不幸地爆发了。

有一天清晨，徐悲鸿正准备乘车去南京教课时，蒋碧微拦住他，埋怨地说：“你回上海半个月，就没有一天待在家里，整天都在‘南国学院’，你简直把‘南国’当成了家，把家当成了旅馆！”

徐悲鸿耐心地解释说：“我正在创作《田横五百士》这样的大画，我无法在家里画，而且一旦进入了创作，我的思想和笔就很难停下来，这种创作热情如果没有了，创作本身也就完了。希望你能理解我，作为一个画家的妻子，是应该理解的呀。”

“但是，你为什么要画这样大的画？你为什么要画这样的题材呢？你不会画轻松一点的东西，像现在一些时髦的画家一样，画点香蕉、苹果之类的静物画。”蒋碧微用她那洪亮的嗓音，气呼呼地说着，仿佛在质问徐悲鸿。

“我的创作意图早就告诉你了。天下兴亡，匹夫有责。国难当前，你为什么就熟视无睹？”徐悲鸿按捺不住内心强烈的反感。

“哼，我熟视无睹？我不关心国家，就你关心！”蒋碧微愤愤地说，“你现在画这样的画，是没有好处的！我知道，你是受了田汉这帮共产党人的影响！”她停顿了一下，接着说，“我绝不能容忍你再跟田汉在一起！从今以后，你必须立刻离开‘南国’！”说完，她就像一阵风一样呼呼地冲了出去。

徐悲鸿焦灼地看了看表，去南京的列车只有半个小时就要开车了，他匆忙赶往车站。

蒋碧微从家中跑出来，雇了一辆汽车，一直开到法租界爱威斯路南国艺术学院门前。她怒气冲冲地走进徐悲鸿的画室，命人将徐悲鸿的全部书籍、字画和画具都搬到了车上。当时，田汉正带着“南国社”的同人在外地演出。田汉的母亲眼见蒋碧微来搬走徐悲鸿的书画，很惊讶地问：“徐太太，你这是为什么呀？”

“我不允许悲鸿再到‘南国’来了！”蒋碧微高声说。

“那么，徐先生知不知道呢？”

“他到南京去了！”

“你能不能等他回来了再搬？他和寿昌是好朋友，他们同心协力创办南国艺术学院，他怎么能走呢？”田老太太几乎是央求地说。

“我顾不了这样多，我只知道他把‘南国’当

成了家，把家当成了旅馆，我忍受不了，而且，我们很快要搬到南京去。”

“唉，徐太太，你怎么说这样的话？哪一个妻子不愿意丈夫干一番事业，为国家多出把力！徐悲鸿先生有本领，有才气，而且年富力强，让他天天守在家里，行吗……”

田老太太还有许多话想说下去，但是蒋碧微打断了她：“不必你操心行不行，反正我不允许他再到‘南国’来！‘南国’给了他什么好处？一分钱也没有给，连车钱都是自己掏！”她沉下了脸，气势汹汹地走了。

半个月以后，徐悲鸿从南京回到上海，知道这一切，他几乎对蒋碧微叫喊起来：“你怎么可以这样干预我的工作？”

“我就要干预！我还干预得太晚了，早就应当干预！你必须立刻离开‘南国’！”蒋碧微高声地叫嚷着。

“我绝不能离开‘南国’！何况‘南国’目前正处在极为困难的时刻，而且学生们又都需要我！”

“你为什么不说田汉需要你！共产党需要你！”

“希望你不要意气用事，”徐悲鸿望着盛怒中的蒋碧微说，“田汉是我的好朋友，我们在艺术上的主张和目标是一致的。我们只是在一起办学校，为中国艺术界培养年轻的一代，我们有这个责任共同维护‘南国’这块阵地，我绝不能背叛他。离开‘南国’便意味着背叛。”

蒋碧微更加激动起来：“好！你不能背叛他，那就背叛我吧！我们离婚！”

“碧微，你冷静一些，不要说这些伤害感情的话，你我年龄都不小了。”徐悲鸿尽力在压抑内心的愤怒。

“我现在给你一个选择，要么离开‘南国’！要么离婚！”她盛气凌人地叫喊起来。

正如徐悲鸿在巴黎预感的那样，他们在生活的道路上，出现了可怕的分歧。这天晚上，徐悲鸿不能工作，也睡不着。夜深了，他仍在卧室里踱来踱去，他重重地踩着步子。离婚？他从来没有想过；但是，离开“南国”，离开志同道合的

朋友和他喜爱的学生们，他也没有想过。“为什么她总要这样那样地干预我的工作和爱好呢？”以往的许多争吵又浮现在徐悲鸿眼前，他第一次懊悔了，“看来，跟她生活在一起是错误的。我们在兴趣上、爱好上、生活的理想和目标上，甚至气质上，都是迥然不同的。但这已是无可挽回的事实了！”他耳边又响起了“离婚”的叫喊。“难道我就被这条锁链锁住？”他问自己，内心的反抗使他第一次开始考虑离开她。

1942年，蒋碧微的父亲蒋梅笙先生逝世。已经和蒋碧微分居多年的徐悲鸿，闻讯后立即赶到医院的太平间，那天晚上，他悲伤地陪着蒋碧微守灵。

在昏暗而惨淡的灯光下，他们默然无语地坐在老人的遗体前，遥远岁月里的往事，又像潮水般向徐悲鸿的心头涌来。他忽然记起了第一次到蒋家去的情景：那天，蒋梅笙先生穿一件灰色纺绸长衫，摇着折扇，满脸堆笑地迎接他。他还清楚地记得，那把折扇是空白的，蒋梅笙先生特意买来请他作画，他当时便画了一丛墨竹。蒋梅笙十分赞赏地用食指敲着桌沿，连声叫好。后来，吃饭的时候，蒋碧微从楼上走下来，她好像是特意打扮过，穿一件崭新的藕色上衣，下身是一条藏青色的绸裙，乌黑的头发覆盖着她的前额，那双黑闪闪的大眼睛落落大方地注视着这个陌生人……

忽然，坐在老人遗体旁边的蒋碧微打断了徐悲鸿的回忆，她说："要是能给父亲画张遗像就好了。"

徐悲鸿站起来，打开随身携带的手提包，拿出纸和笔，迅速地画了一幅素描。

接下来，又是死一般的沉寂。徐悲鸿又沉浸到对往事的回忆之中，他记起和蒋碧微从日本回来的时候，蒋梅笙多么欢畅地含笑迎接他们，没有说一句责备的话……微弱的曙光悄悄地从窗户外朝房间里窥视，天快要亮了。徐悲鸿用手绢擦了擦含在眼眶里的泪水，带着满腔热情说："碧微，你不要难过，父亲的丧事我一定好好办理。"

蒋碧微满脸的悲伤，低头坐在那里，没有任何表示。

“碧微，我们这样下去总不是办法呀！为了儿女着想，我们也不该再闹下去了。”徐悲鸿说。

蒋碧微急速地抬起了头，高声地说：“算了吧，我们既已分开，一动不如一静，天下离异的人很多，不足为奇，你我的个性太不相同！”她用力咬着嘴唇，脸上一副决绝的表情。过了一会儿，她又补上了一句：“你可以另外结婚，我难道还会跟你捣乱不成！”

徐悲鸿沉默了，没有再说一句话。他还有什么话好说呢？他顾念蒋碧微的那颗心，从蒋梅笙先生逝世这一天起，就紧紧地关上了心门。

直到1945年，徐悲鸿与蒋碧微的婚姻终于走到了尽头。徐悲鸿在报纸上正式刊登了一则声明：

徐悲鸿与蒋碧微女士因意志不合，断绝同居关系，已历八年。中经亲友调解，蒋女士坚持己见，破镜已难重圆。

此后，悲鸿一切，与蒋女士毫不相涉。

兹恐社会未尽深知，特此声明。

一场婚姻走到了尽头，但是他们感情的纠葛却不会就此了断，蒋碧微成为徐悲鸿一生都挥之不去的记忆。

十一　北平任教

北京不仅是中国的政治中心，也是学术和文化中心。东渡日本归来后，从小就向往北京的徐悲鸿，在上海拜见了康有为，谈到要去北京谋求前途的想法。康有为鼓励徐悲鸿，嘱咐他到北京去找自己的好友罗瘿公，当即给罗瘿公写了一封介绍信，交给徐悲鸿。

1917年12月，徐悲鸿和蒋碧微搭上从上海到塘沽的轮船。为了节省路费，徐悲鸿在上海买的是三等舱的船票。乘坐三等舱的大都是穷苦大众和落魄的知识分子等。这对于在贫困和流浪中长大的徐悲鸿自然处之泰然，因为他的生活向来很简朴，而且他很愿意和下层社会接触，他对劳动人民有着深切的同情。但是，对于出身富贵的蒋碧微来说，和这些下层社会的劳动人民相处，而且住在一个舱房里，使她觉得难堪，有失体面，心里十分委屈。她又一次感到，徐悲鸿只爱艺术，并不爱她。她不能理解：为什么徐悲鸿能拿数以百计的钱去购买艺术品，却不愿拿几十元为她买一张头等舱的船票？生活中的阴影继续在她的心里扩大、加深，使她感到无限的悲伤和哀怨，以至一路上很少主动地和徐悲鸿说话。

一到北京，徐悲鸿马上持康有为的信和自己的作品去拜访罗瘿公。罗瘿公惊喜地看了徐悲鸿的作品，当即给教育部长傅增湘写了一封言辞恳切的推荐信，盛赞徐悲鸿是个不可多得的人才，希望教育部在派遣留学生时，能考虑让徐悲鸿去法国深造。

傅增湘先生是四川人，中等身材，体态瘦削，是个读书人，有藏书的癖好，态度平易近人。他看到罗瘿公的推荐信后，面带微笑地对徐悲鸿说："能不能看一看你的作品？"

于是，徐悲鸿又将自己的素描、水彩和中国画多幅，送到了教育部。几天后，他再去见傅增湘先生，颇受夸奖。傅增湘确认徐悲鸿是一位很有发展前途的青年画家，热情地对徐悲鸿说："可惜现在欧战未停，你可稍稍等待。如果将来派留学生去法国，一定不会遗忘你。"

徐悲鸿感到这位教育部长很诚恳，似乎没有官场交际的那种虚伪和托词，心里十分感动。

在北京等待留学的日子里，徐悲鸿结识了华林。这个身材高大的青年，在北京文化界很活跃，常为北京的报刊撰写文章，文笔很锋利。他尚未结婚，单身一人租住东城方巾巷一所四合院内的三间厢房，徐悲鸿便和他分租一半居住，成为近邻。经华林介绍，徐悲鸿拜访了蔡元培。蔡元培是北京大学的校长，也是一位很器重人才的前辈。他看到徐悲鸿生气勃勃、独具特色的作品，非常赞赏，聘请徐悲鸿担任北京大学画法研究会导师。年轻的徐悲鸿便在北京暂时定居下来。

美丽的北京以它那辉煌灿烂的古老文化，强烈地震撼着徐悲鸿的心灵。那红色的宫墙、巍峨的宫殿、描金彩绘的楼台亭阁、高大的古柏、挺拔的白皮松……这一切都闪耀着中国劳动人民智慧的光芒，散发着古老文化的气息。在故宫博物院，徐悲鸿还看到了大量的古代绘画、陶瓷、青铜器、玉器等等，开阔了眼界，提高了欣赏水平，并从中汲取了极其有益的营养。

当时，北京的知识界十分活跃。李大钊、陈独秀等人主办的《新青年》、《每周评论》等进步刊物，对封建思想展开猛烈的抨击，传播着民主主义的思想和文化。徐悲鸿受到深刻的影响。徐悲鸿在北京大学《绘学杂志》第一期上以《中国画改良论》为题，对中国画中的保守势力进行猛烈抨击，一针见血地指出："中国画学之颓败，至今日已极矣。凡世界文明，理无退化。独中国画之在今日，比二十年前退五十步，三百年前退五百步，千年前八百步。民族之不振，可慨也夫。"他认为中国画颓败的原因是："曰守旧，曰惟失其学术独立之地位"。他慨叹道："要之以视千年前先民不逮者，实为奇耻大辱。"在如何对待我国美术遗产的态度上，他当时便提出："古

法之佳者守之，垂绝者继之，不佳者改之，未足者增之，西方绘画之可采者融之。”这是一种科学的态度，既反对泥古不化，也反对历史虚无主义，主张继承古代绘画的优良传统，吸取西方绘画中的优秀技法，以丰富我们民族的现代绘画。因此，徐悲鸿在北京大学立下了壮志雄心，要复兴中国美术，希望在20世纪内，中国画家能作出超越先辈的成绩。

徐悲鸿在哈同花园结识的老诗人陈散原，为他在北平迅速站稳脚跟，以及日后扬帆出海，起了推波助澜的作用。陈散原很欣赏徐悲鸿，经常邀请他到家中做客，这个名扬京城的“学者之家”向徐悲鸿敞开了大门。陈散原的儿子在北京都是响当当的人物：长子陈师曾是著名画家，号称北京画坛首领，次子陈寅恪是著名历史学家。徐悲鸿在绘画方面的卓见和才能得到了陈师曾的热烈赞赏。

陈师曾那时也在北京大学画法研究会任导师。他曾赴日留学，倡导成立中国画研究会，他的山水画既重视传统技法，又能推出新意，他画出《北京风俗画》三十四篇，描述了劳苦大众的贫寒生活。陈师曾与徐悲鸿谈诗论画，极为投缘，痛感中国绘画自明清以来，临摹代替创作，陈陈相袭，了无生气，不革新就没有出路。陈师曾鼓励徐悲鸿说："你比我年轻，要到法国去！我们一起来改革中国绘画！"

令人遗憾的是，1923年陈师曾英年早逝，年仅47岁，梁启超叹为"中国文化界的地震"。后来徐悲鸿留法回国，专程看望陈散原老人，画了一幅题为《诗人陈散原像》的油画，画出了一位国学大师的气度，也铭刻着他对亦师亦友的陈师曾的怀念。

在北平停留的那段时间，陈师曾和徐悲鸿有时会一同去故宫博物院欣赏那些优秀的古代绘画。有一次，他俩站在宋代画家范宽的杰作《溪山行旅图》前，不禁为之神往。第二天，徐悲鸿又特意将画法研究会的学生们带来。

徐悲鸿指着范宽的《溪山行旅图》说：

宋代的画家都是刻意写实的，但极

重神似。范宽居太华，经常见到雄峻的高山，所以他画的多是层峦叠嶂，而董源住在江南，所画的多是平原景色。这都是由于师法造化，所以能画出真情实景，予人以亲切之感。

陈师曾站在一旁点头称是。徐悲鸿兴致勃勃地接下去说：

我觉得唐代的一些画家，如吴道子、曹霸、王维，他们的作品虽然没有流传下来，但一定是美妙无比的，因为当时的人们那样称颂他们。例如杜甫称赞曹霸的画马“一洗万古凡马空”；苏东坡称赞王维“吾于维也敛衽无间言”；至于吴道子，苏东坡尊之为“画圣”。如果他们的作品突然出现在我们面前，将如何使我们倾倒啊！王维诗中有画，画中有诗，那样的画卷一定能使人陶醉。至于李思训、阎立本的手迹，

◎陈师曾

尚能考见，使人觉得真气逸出、雍容华妙。稍后，周昉的仕女图，也是罕见的高手之作……

徐悲鸿如数家珍似地谈论着，眉宇间浮现出一片真诚的喜悦。陈师曾很了解徐悲鸿的性格，遇到高兴和激动的时候，话是无穷无尽的。徐悲鸿接着说：

> 我最厌恶董其昌和四王山水。董其昌是大官僚，借着他的名位，建立了一种不好的风气，那就是画家可以不懂写生，不师法造化，但不可不识古代画家的画风和派别。董其昌不仅以地位傲人，而且以富贵自骄，他既是大官僚、大地主，又是大收藏家，但是，他的画只是投机取巧的末流文人画。四王山水也和董其昌一样，只是馆阁体的八股山水，毫无生气。但至今还有人奉若拱壁，专门模仿这些毫无生气的末流文人画。

听到这里，陈师曾笑着说：“悲鸿，你在美术上的评论也和你的为人一样，爱憎分明。但是要清除积习，开一代新风，谈何容易！”

徐悲鸿的眼睛里闪着激动的光芒，说：“我知道，我还太年轻，但开一代新风的责任正落在我们青年人身上。”他环顾着身边的画法研究会的学生们，接着说道：

中国画自明朝末年以来，三百多年，便处在这种毫无生气、陈陈相因的积习中。其间，虽然出现过少数优秀的画家，但整个国画界的风气是守旧，画一笔都要有来历，都要模仿古人，毫无生气和创造，思想和笔墨都僵化了。艺术应该追随时代，向前发展，而故步自封、复古守旧都是大敌。依我看，如何在我国古代绘画的传统上汲取一些西方绘画的优秀技法，用来丰富和发展我国的民族绘画，是我们这一代青年画家应做的努力。因此，我很希望有机会到欧洲去学习。

北京大学画法研究会的学生们都聚精会神地，而且几乎是感动地倾听着徐悲鸿那雄辩的讲话。

不久，中国教育部开始向欧洲派遣留学生，名单公布后，竟没有徐悲鸿的名字。徐悲鸿怀着

非常失望和气愤的心情给傅增湘写信，责备他食言，措辞十分尖锐激烈。信寄出去以后，没有回音。徐悲鸿按捺不住，又去见罗瘿公。

罗瘿公叹息地说：“傅增湘部长接到你的信了，他非常生气。”

徐悲鸿仍十分激动地说：“傅增湘先生既然不打算派我留学，当日就不该答应我，如果这是出于寻常人之口，当然可以不计较，但傅先生是读书人，我原以为他不是敷衍我。”

罗瘿公默然无语。

1918年，第一次世界大战结束。消息传来，举国欢腾。随后不久，听说中国教育部将继续派遣留学生去欧洲学习。于是，蔡元培校长写信给傅增湘，为徐悲鸿转圜。傅增湘很快复信，表示不食前言。徐悲鸿立即前往教育部，向傅增湘先生致谢。

次年初，徐悲鸿任职的北京大学画法研究会举行了隆重的欢送仪式，陈师曾在会上发表讲话说：“希望徐悲鸿此去沟通中外，能成为世界著名的画家。”并亲自治了一方印章送给徐悲鸿。

3月17日，徐悲鸿和蒋碧微随中国第一批留法勤工俭学的学生，乘日本货轮起程去法国。《申报》刊登消息说："徐悲鸿为中国公派留学美术第一人。"

很多年以后，徐悲鸿回忆起这段往事，曾慨叹地写道：

> 我飘零十载，转走千里，求学之难，难至如此。我对黄震之、傅增湘两位先生，是终身感戴其德，而不敢忘记的。

徐悲鸿留洋八年，正像陈师曾所预言的那样，他成为了世界著名的美术家。他回国后，先后在上海和南京任教，辗转三年有余。后来，徐悲鸿再一次来到北京，由蔡元培先生推荐，受聘担任北平艺术学院院长。在短短三个月的任期里，他完成了一段"徐悲鸿三请齐白石"的画坛佳话。

1929年9月，刚刚从福州回到南京的徐悲鸿，只身赶赴北平。这个充满文化气息的古城，曾经

给了徐悲鸿多少诱惑和希望。现在，他又站在天安门的城楼下，谛听着历史的回音，心潮澎湃。从1919年离开北平，到现在已经十年过去了。尽管许多先行者为人民的利益献出了生命，但是，从政治上到学术上，都仍如十年前那样黑暗、腐朽、落后。

北平艺术学院同样也是顽固守旧。徐悲鸿面前严酷地摆着两条道路：要么稳稳当当地拿一个月五百元的院长薪金，随波逐流；要么逆反潮流，另辟蹊径，而承担去职的风险。以复兴中国艺术为己任的徐悲鸿毫不苟安畏缩，虽然他深知开拓者披荆斩棘的困难，还是勇敢地选择了后一条道路。他在北平艺术学院大胆地提出了革新的主张。在美术方面，他强烈地贬斥了那些复古主义者，抨击了那些毫无生气、陈陈相因的八股文人画。他提倡师法造化，提倡国画的革新，号召学习西方一些优秀的技法，使之和中国民族绘画的优秀传统相结合，创造出新颖的、有真情实感的、有生气的中国画。在用人方面，徐悲鸿也不墨守成规。当他发现齐白石在中国画方面的高深造诣后，亲自去拜访了这位当时处境十分孤立的老画家，并决定聘请齐白石担任北平艺术学院教授。

齐白石是木匠出身，当时已届67岁的高龄。他的作品不仅体现了中国画高度凝练和概括的特点，而且饶有生气。他通过对生活的反复观察，画出了那些栩栩如生的虾和螃蟹，呱呱叫的青蛙，飞翔在残荷上的蜻蜓，惹人喜爱的小鸡，有浓郁乡土气息的山水……他的作品既有浓厚的民族特色，又不落古人窠臼。在当时以模仿古人为能事的国画界，如同一枝奇花异卉，引起徐悲鸿的欢欣和赞叹。

在西单跨车胡同齐白石的画室里，三十多岁的徐悲鸿和六十多岁的白石先生竟一见如故。他们谈画，谈诗，谈文章，谈篆刻，各抒己见，彼此有许多相同的看法。但当徐悲鸿提出聘请白石先生担任北平艺术学院教授时，他却婉言谢辞了。过了几天，徐悲鸿再去拜访白石先生，重提此事，又被白石先生谢绝。徐悲鸿没有灰心，第三次又去邀请。

白石先生被深深地感动了。他坦率地告诉徐悲鸿："徐先生，我不是不愿意。我很愿意和你共事，帮你办学。我对你的人品和画品都很看重，但是我已经年老了，不想多走动了，遇上学生调皮捣乱，我这样大岁数了，真不想再费那样多口舌啊。"

徐悲鸿庆幸终于找到了问题的症结，便告诉白石先生，不需他讲课，只要他在课堂上给学生作画示范即可。并说："我一定在旁边陪着你上课。冬天给你生炉子，夏天给你买电扇，不会使你感到不舒服。"

于是，白石先生答应试一试。

第二天清晨，徐悲鸿亲自坐了马车来迎接白石先生。那是一个晴朗而美丽的清晨，阳光微笑着俯瞰大地。白石先生穿了一件宽大的缎子长袍，拄着一根手杖，和徐悲鸿一同登上马车。一匹瘦弱的马拉着那辆四轮马车，缓缓地沿着狭窄的胡同行进。白石先生极其庄重地坐着，脸上浮现出一种专注的神情，流露出他内心的紧张和不安。在车轮的隆隆声中，马车穿过宽阔的大街、繁华的闹市，忽然轻轻摇晃了一下，停在北平艺术学院的门前。站在门前的学生们热烈地鼓掌迎接，白石先生矜持地颔首致意。

在学生们的簇拥下，齐白石和徐悲鸿来到教室里。画案上已经摆好笔墨纸砚，但白石先生却拿出他自己带来的几支画笔。他慎重地、沉思地举起画笔，运笔非常缓慢，仿佛每一笔都在精雕细琢，笔墨异常精练。学生们的眼睛都跟随着他的画笔在移动。齐白石巧妙地运用笔锋的变化和墨色的枯湿浓淡，达到了徐悲鸿所说的“致广大、尽精微”的艺术效果。

画完以后，在徐悲鸿的引导下，白石先生同学生们展开了漫谈。“不要死学死仿，我有我法，贵在自然……”齐白石环顾学生说，“花未开色浓，花谢色淡，画梅花不可画圈，画圈者匠气……”

一堂生动的课在“当当当”的下课铃中结束。学生们很满意，徐悲鸿和白石先生也很满意。

徐悲鸿又坐了马车送白石先生回家。那匹瘦

弱的马和那位懒洋洋的马车夫仿佛也感染了他们的欢乐，马车轻快地奔驰起来。到了跨车胡同白石先生家门口，徐悲鸿搀扶白石先生下了马车。齐白石用激动得有点发抖的声音对徐悲鸿说：“徐先生，你真好，没有骗我，我以后就照这样的办法教课。我应当拜谢你。”

话音未落，他便双手打拱。徐悲鸿慌忙扶住了白石先生，泪水涌到了徐悲鸿的眼眶里。从此，这两位在当时享有盛名的艺术巨匠便成了莫逆之交，他们的友谊终生不渝。

但是，20世纪20年代的北平，在艺术上也和政治上一样，极为落后和顽固，对待徐悲鸿的一些革新中国画的主张，保守派不仅不能接受，而且十分嚣张地破坏和反对，就连聘请齐白石担任教授一事，也成为众矢之的，引起顽固分子的非难。

“徐悲鸿是在故意捧齐白石！”

“徐悲鸿凭个人好恶用事，他要把北平艺术学院搞成什么样子？”

流言蜚语，诽谤刁难，明枪暗箭，一时俱

发。徐悲鸿的改革计划遭到了强烈的阻挠，他感到孤掌难鸣，只好拂袖而去。

这天，他去辞别齐白石，准备南归。白石先生心情黯然，他颤颤索索地拿起画笔，画了一幅《月下寻归图》送给徐悲鸿。画面是一位穿长袍的老人，扶杖而行，这是齐白石的自写。他忧伤地在画面上题了两首诗：

（一）

草庐三顾不容辞，
何况雕虫老画师。
海上清风明月满，
杖藜扶梦访徐熙。

旁边附一行小字：悲鸿先生辞余出燕，余问南归何所？答，月满在上海，缺，在南京。

（二）

一朝不见令人思，
重聚陶然未有期。

深信人间神鬼力，
白皮松外暗风吹。

齐白石还在送给徐悲鸿的一幅山水画上，题过这样一首诗：

少年为写山水照，
自娱岂欲世人称。
我法何辞万口骂，
江南倾胆独徐君。

谓我心手出怪异，
鬼神使之非人能。
最怜一口反万众，
使我衰颜满汗淋。

诗中“江南倾胆独徐君”便是指徐悲鸿。他深深感激徐悲鸿能在他孤立的处境中，敢于“一口反万众”地支持和赞扬他。

徐悲鸿离开北平后，齐白石就不再去艺术学

院上课了，学校派人到家里去请他，老人就写了个纸条让来人捎回去，纸条上写着：“齐白石已经死了！”

徐悲鸿南归以后，仍然和齐白石书信往返不绝。齐白石每有佳作，必寄徐悲鸿，徐悲鸿便按白石先生的笔单，将稿酬寄去。那时，正是齐白石精力旺盛，创作最成熟的时期，徐悲鸿购藏他的佳作极多。

当时，齐白石虽然已经出过画集，但选择的题材和印刷的质量都令徐悲鸿感到不太满意。徐悲鸿为了向更多的人介绍齐白石的艺术成就，向中华书局推荐出版齐白石画集。中华书局的主要负责人之一舒新城先生是位博学多才，又很重道义的有识之士，对徐悲鸿的主张一向支持，便慨然允诺。于是，由徐悲鸿亲自编辑，亲自撰写序言，正式出版了齐白石的第一部画集。

齐白石收到自己的画集和稿酬时，心里涌起无限的喜悦，但使他迷惑不解的是：“为什么替我出了画集，不要我的钱，反而送钱给我呢？”他低声地嘟囔着，又一次对徐悲鸿产生了信任和感激。

1946年春夏之交，徐悲鸿再次赴北京任教，他接到了国民政府教育部的邀请，出任北平艺术专科学校校长。徐悲鸿这次北上和1929年到北平大学艺术学院担任院长时的情景已经有了很大的不同。当时他只身一人，在北京仅待了三个月就被迫辞职南返了。这次，他的身边有了一大批强有力的支持者。

接到任职邀请后，徐悲鸿马上给上海的弟子吴作人写了一封信，请他担任艺专的教务长。他在信中说：“我决意办成一所‘左’的学校，教务长之职，非弟莫属。”不仅如此，他还让吴作人兼油画系主任，让从法国留学回来的著名油画家庞薰琹担任图案室主任，让著名国画家叶浅予担任国画系主任。接着又把自己多年培养的优秀弟子冯法祀、艾中信、孙宗慰、宋步云、宗其香等人也都带到了北平艺专。此外，社会上有着很高声望的名画家，像李苦禅、李可染、田世光、蒋兆和、黄宾虹等，也都被他聘为教授，甚至在艺术上反对他的名画家寿石工也被他聘请来，在艺专讲授篆刻和古典文学。当然，86岁的齐白石是徐悲鸿无论如何也不会落下的，他上任后很快就聘请齐白石老人回艺专担任名誉教授。在北平艺专的中国书画界人士一时群贤毕至，少长咸集。

前几年，画家陈丹青曾经在一次关于徐悲鸿的研讨会上，提到徐悲鸿在接管北平艺专后提拔人才的“胆识与雅量”。他感慨地说：“徐先生亲自在全国杰出的画家中点将组班，接聘来京，共享其盛，当时美术界各路英雄好汉全都买他的账。今天全国各省找得到这样爱惜人才、慨然做主、亲自拍板、从善如流的教育长官吗？全国各校找得到这样胸襟开阔、人脉遍在、资望超群的伯乐教授吗？全国各地找得到这样一呼百应的精英群体吗？”

一切安排就绪，徐悲鸿便开始进行一系列的教学改革，大力推行自己的教学主张。徐悲鸿的教学主张概括地说就是写实主义的新艺术运动。徐悲鸿认为一个时代必须有一个时代的艺术，现在的时代，艺术必须关注人民生活，反映现实。

他反对千篇一律的“八股山水”，要求画家要充分发挥自己的创造力。他说，新国画必须要保留原有艺术的特质，同时，还要吸收西画的优点。徐悲鸿将自己在创作上的体会引入基础教学，具有鲜明的时代精神，他的一系列改革给当时的北平画坛带来了一场巨大的冲击。

就在徐悲鸿在北平艺专竭其所能，为改革中国画而推行新艺术主张的时候，中国大地上一场轰轰烈烈的解放战争也在如火如荼地进行着。辽沈战役之后，中国人民解放军挺进华北，国民党发动了一场文艺界的“南迁运动”。

1948年12月，国民党专门派了两架飞机到北平，来接文化艺术界的名流南下，其中就包括徐悲鸿。由于徐悲鸿的身份和影响，他的去留关乎一大批北平文化艺术界名流的去向。南京政府派人将两张机票送到徐悲鸿手中，并向他承诺了许多好处，不仅可以马上给他一大笔钱，还可以支持他到印度去办画展。

就在徐悲鸿有些动摇的时候，老朋友田汉来找徐悲鸿，他坚定了徐悲鸿留在北平的决心。田汉向徐悲鸿转达了毛泽东和周恩来的问候，并嘱咐他在任何情况下都不要离开北平。徐悲鸿听后非常激动，他没想到毛泽东和周恩来在指挥全国解放之际还这么惦记着北平的文化界。

第二天，徐悲鸿急忙赶到齐白石家，他要劝说老人留在北平。徐悲鸿非常了解齐白石的处境，他正受到国民党特务的恐吓，他们说共产党要杀的有钱人的名单里就有他，这下可把老人吓坏了，正准备带着全家逃离北平。

见到徐悲鸿后，齐白石问："我不走，共产党来了会不会杀我？"

"当然不会，共产党非常重视文化名人。我也不走，留下来陪着您。要是北平乱了，我就把您接到学校去住，保证没有危险。您到外面去，人生地不熟，那才危险呢。"听徐悲鸿这么一说，齐白石老人才决定留下来。

1949年1月16日，在中国人民解放军已经包围北平，国民党负责镇守北平的傅作义军团在和平解放与负隅顽抗之间举棋不定的时候，傅作义发请帖，邀请北平当时的学者名流在中南海聚餐，

向他们征询意见，一起讨论北平的时局。徐悲鸿也在被邀请之列。

会上，谁也不敢冒险发言，一度冷场。这时，徐悲鸿第一个站了起来，他用洪亮有力的声音说："时至今日，傅将军还能对蒋介石抱有什么幻想呢？北平是一座闻名于世界的文化古城，它在世界建筑艺术的宝库中也属罕见。为了保护我国优秀的古代文化免遭破坏，也为了保护北平人民的生命和财产免受损伤，我希望傅作义将军顾全大局，顺从民意，以使北平免于炮火的摧毁。"

沉默的空气被打破了。徐悲鸿的冒险直谏鼓舞了在座的人士，大家纷纷发言希望傅将军和平解放北平。著名历史学家杨人楩教授站起来发言，他说："我完全支持徐悲鸿先生的意见。如果傅将军能为北平免于炮火而作出贡献，我作为一个历史学家，将来在书写历史时，一定要为傅将军大书一笔。"

徐悲鸿在关键的时刻选择留在北平，并带头向傅作义建议和平解放北平，不仅影响了一大批文化艺术界的名流，为新中国留住了许多宝贵的人才，也为护卫北平人民的安全和保护北京的文物古迹免受战争破坏做出了自己的贡献。

十二　巴黎！巴黎！

1919年春天，天空下着小雨。嘈杂的人群拥挤在黄浦江码头，人们撑着五颜六色的雨伞，依依地送别将要远行的亲友。

一艘日本轮船即将启碇了，甲板上响起了“咣当咣当”的锚链撞击声。24岁的徐悲鸿挤在船栏边，向送行的亲友们挥动他那宽边的黑色礼帽，蒋碧微含笑紧跟在他身边。他们将一同乘这条船去往巴黎。

徐悲鸿决定带着蒋碧微一同去巴黎，是经过反复考虑的。因为要靠他一个人的留学公费，供养两个人的生活，将十分困难和艰苦。但是，一个美好的愿望强烈地驱使着他：他希望蒋碧微在世界艺术的中心——巴黎，能够像他一样，接受浓郁的艺术氛围的熏陶和感染；他甚至还在头脑中想象着那些举世闻名的绘画大师们的杰作，将会怎样强烈地震撼他们的心灵！他衷心地希望蒋碧微爱上艺术，投身到艺术事业中，这样他们就不仅是生活上的伴侣，还是志同道合的朋友。正是这个美好的愿望，使徐悲鸿不再去回顾过去那些不愉快的争吵，希望彻底遗忘它们，重新扬起两个人崭新的生命风帆。

徐悲鸿在《悲鸿自述》中记载了他的第一次赴欧历程：

余与碧微在沪加入，顾前途之希望焕烂，此惊涛骇浪，恶食陋居，初未措诸怀。行次，以抵非洲西中海岸之波赛为最乐。以自新加坡行至此，凡三星期未见地面，而觉欧洲又在咫尺间也。时当吾华三月，登岸寻览，地产大橘，略如广州蜜橘与橙合种，而硕大尤过之，大几如碗。甘美无伦，乐极，尽以余资购食之。继行三日，过西班牙南部，英

> 炮台奇勃腊答峡，乍见欧土，狂热万端。遂入大西洋，于将及英伦之前一日，各整备行装，割须理发，拭鞋帽，平衣服，喜形于面。有青者，如初苏之树，其歌者，声益扬。倭之侍奉，此日良殷，以江瑶柱炒鸡鸭蛋饷之，于是饭乃不足，侍者道歉，人亦不计。又各搜所有资，悉付之为酬劳。食毕起立舢板，西望郁郁葱葱者，盖英之南境矣。一行五十日，不觉春深，微雨和风，令忘离索。

徐悲鸿乘坐着这艘从上海出发的轮船，在海上航行了五十天，经太平洋、印度洋，又越过红海及苏伊士运河，于五月初到达英国。

在伦敦停留的时候，徐悲鸿和蒋碧微去参观了大英博物院。当看到古代希腊巴尔堆农古神庙的浮雕时，徐悲鸿沉醉地叹息道："唉，为什么不让我慢慢地见到它，而使我骤然站在它面前，以致惊恐无措呢！"

那些浮雕上奔腾的战马是那样生动有力、震撼人心，而那些年轻姑娘们的动作又是多么轻盈秀丽，衣纹的皱褶既流畅，又变化多端，使人感到它不是石头雕出来的，而是丝绸质地……徐悲鸿简直如醉如痴了。

接着，徐悲鸿又参观了英国国家画廊，欣赏了凡拉士贵支、康斯太布尔、透纳等艺术大师们的杰作，还参观了皇家画会展览会，见到一些英国当代画家的佳作。

在伦敦参观了一星期，他们于1919年5月中旬，终于到达徐悲鸿魂牵梦萦的巴黎。5月的巴黎和风拂面，花香袭人。看到那似曾相识的凯旋门，徐悲鸿感到多年夙愿得偿的欢乐，但他也看到摆在面前的学习道路将是多么艰苦。到达巴黎以后，他才知道国内爆发了伟大的五四运动。他的心仿佛又回到了北京，强烈地挂念着多难的祖国和同胞，他更加下定决心，一定要为中华雪耻，为祖国争光！他立志努力发扬中国绘画艺术，使它继续在世界艺术的领域中放出异彩！

在巴黎一住下来，徐悲鸿立刻怀着极大的兴

致，和妻子一同去参观罗浮宫。但一些重要的陈列室还关闭着，因为许多著名的杰作都在战时运往安全的地方存放，这时尚未运回。只有一间陈列室中，挂着达·芬奇的杰作《蒙娜丽莎》、《圣母和圣安娜》及其他画家的十余幅画。

徐悲鸿站在久已仰慕的《蒙娜丽莎》画前，浮想联翩。这是达·芬奇为德尔·乔空达的夫人蒙娜丽莎所作的带着深沉微笑的肖像。许多世纪以来，文艺评论家都在徒劳地解释她那隐藏在神秘微笑后面的东西。达·芬奇在法国居住时，这幅在佛罗伦萨的时候创作的《蒙娜丽莎》一直伴

◎罗浮宫

随着他，达·芬奇希望它永远在他的眼前，直到自己死去的那一天。

还有一间陈列室，全部陈列了大卫的作品。徐悲鸿在那里徘徊观览，深为大卫那种纯正严密的画风所吸引。在大卫所作的油画《荷拉斯兄弟之誓》前，他受到强烈的感动。作品描绘了荷拉斯三兄弟上战场之前，向父亲宣誓与敌人决战到底，一去不复返的悲壮场面。父亲手持三支刀箭，神情悲壮、庄严，家里其他人坐在一旁，悲痛欲绝。正是这幅作品，使大卫一举成名。

大卫所画的《加冕式》巨幅油画，画中人物都有具体对象，场面庞大，人物众多，极为逼真。

接着，徐悲鸿又参观了沙龙，见到莫奈、罗朗史、达仰、弗拉孟、倍难尔、莱尔弥特、高尔蒙等前辈画家的作品。

接触了这些大师们的作品后，徐悲鸿惊叹不已。如同阳光和雨露渗入了他干渴的心灵，使他感到无比的欢快、激动和温暖。它们也像阳光一般，照亮了徐悲鸿的心扉，使他感到自己在国内

只是以画谋生，并非能画，而且因常作写意的中国画，所以观察和描写物象都不精确；放手往往不中绳墨，好比无缰的马，难以控制。于是，徐悲鸿果断地决定暂时不作中国画，专心研究和观摩那些大师们的作品。

几个月之后，他才进入徐梁画院。最初感到有些困难，两个多月以后，手才渐渐就范。接着，徐悲鸿便去投考国立巴黎高等美术学校，录取后，以校长弗拉孟为师。

弗拉孟是法国著名的历史绘画大师，他的作品流畅自然，尤其精于肖像画。他很器重这个不远万里而来的刻苦努力的中国学生，热情地亲自教导他。

徐悲鸿在法国留学的时候，深受法国当时最大的画家达仰先生所器重，被收为入室弟子。有一位外国同学因嫉妒而嘲笑他说："徐先生，我知道达仰很看重你，但你别以为进了达仰的门就能当画家。你们中国人就是到天堂去深造，也成不了才！"

徐悲鸿很气愤，他义正词严地对那个学生

说："既然你瞧不起我的国家，那么好，从现在开始，我代表我的国家，你代表你的国家，我们等到毕业的时候再来看。"

从此，徐悲鸿像一匹不知疲倦的骏马，日夜奔驰，发愤图强，努力钻研，终于一鸣惊人。1924年，徐悲鸿的油画《远闻》、《怅望》、《箫声》、《琴课》等在巴黎展出时，震惊了巴黎艺术界。那位曾经瞧不起徐悲鸿的同学，走到他面前诚挚地道歉。他说："徐先生，在咱们的竞赛中，你胜利了。我承认中国人是很有才能的。看来，我犯了一个错误，用你们中国的话来说，那就是'有眼不识泰山'。"

徐悲鸿来到巴黎后，法国各个博物馆渐渐恢复旧观，许多著名的杰作开始陆续运回巴黎展出。徐悲鸿课余便去博物馆观摩欣赏，仔细地研究各个画家、各个画派的风格和特色。他站在19世纪中期法国著名的浪漫主义大师德拉克洛瓦的巨幅油画《希阿岛的屠杀》前，深深地被感动，热泪盈眶，不能自已。这幅杰作在技巧上突破了传统的拘谨手法，画面气势磅礴，而且饱含深情地刻画了土耳其对希腊人民残酷统治的暴行，以油画语言深沉地抒写了那些无辜受难的人民对侵略者的血泪控诉。作品充满了浓厚的人道主义色彩，引起徐悲鸿心中的共鸣。

画面的右侧有一个受了重伤、即将死去的妇女，她痛苦地微闭着眼睛，肤色异常惨淡，不解人事的婴儿依偎在她胸前，仿佛还在吮吸着即将

◎希阿岛的屠杀

干涸的乳汁。左边有一对夫妇，脸上露出绝望的神情，他们显然已经无家可归了，身边仅有的一点东西已经被抢掠一空。画的最左角有一个濒临死亡的年轻妇女，她搂着自己的孩子诀别，孩子的眼神里透出惊恐的神色。在这群苦难者面前，一个在马背上拉着缰绳的土耳其侵略者，正用皮鞭抽打这些无辜的老百姓，在他身后，还拖着一个声嘶力竭求救的少女。远处隐隐冒着硝烟，这是侵略者在烧杀淫掠，那阵阵哭喊声似乎隐约可闻……徐悲鸿看着看着，不禁失声痛哭起来。这个年轻的艺术家，已经把自己的身心与美术全部融汇在一起了。

罗浮宫还有许多杰作强烈地吸引着他。比如籍里柯的《梅杜萨之筏》，描绘了梅杜萨号海轮沉没后，剩余船员挤在一支筏子上漂浮在海上，濒临死亡之时，望见远处有一个船影，有欢呼的，有将好消息告诉垂死的同伴的，也有绝望的，还有半浸在海中的死者。这是一幅浪漫主义的杰作。籍里柯还十分喜爱马，他爱画马，也爱骑马。他曾因坠马受重伤，33岁便因伤势发作而死。还有库尔贝所作的《画室》。它描绘了作者自己的画室，里面有请来的模特和他的朋友，画家自己正在作画。形象结实、有力而自然，表现最普通的现实生活，是现实主义的代表作。徐悲鸿非常喜欢这幅作品。

留学的生活是清苦的。再加上靠徐悲鸿一个人的公费，供养两个人，当然就更困难些。好在当时物价还不十分昂贵，饮食方面，与国内相差无几。徐悲鸿在拉丁区租住了一间房子，自己开伙，比包伙也便宜一些，生活总算还过得去。通常是蒋碧微做饭，徐悲鸿刷洗杯盘碗筷，相互帮助和照顾。极其简单而清贫的生活，犹如一条清澈的溪流，潺潺地从他们心上流过。如果说有时还会激起一些浪花，那仍旧是由于徐悲鸿改变不了的癖好。一遇到他喜爱的书籍、图片，便要从微薄的生活费用中挤出钱来购买。有时，因此而只能以一杯白开水、两片面包充饥，但一心执著于艺术的徐悲鸿却甘之如饴。

当时，巴黎高等美术学校下午都没有课，徐

悲鸿便去一所私立的美术研究所画模特。这个研究所只要买门票便可以进去，每次门票是一个法郎。回家时，徐悲鸿常绕道去塞纳河畔，在那里的书摊上浏览书籍。他把一天的时间排得满满当当。

徐悲鸿也常常去马场画速写，并精研马的解剖，积稿盈千。这为他后来创作各种姿态的马，如立马、饮马、奔马、群马，打下了良好的基础。

1921年春天，巴黎举办规模盛大的全国美术展览，陈列法国当代许多名家作品。开幕的那天，徐悲鸿从早至晚流连在会场，仔细观摩、比较，从早晨至黄昏，竟未进饮食。他完全忘记了饥饿，直到走出会场，才发现外面飘着纷纷扬扬的大雪。一阵凛冽的寒风向他袭来，他打了一个寒战，由于没有大衣，他浑身不由自主地哆嗦起来。这时，他才突然感到饥饿难忍，只好迎着风雪，疾步向家走去。途中，他忽然腹痛如绞，慌忙停步靠在路边的墙上，才没有摔倒在雪地里。原来，由于饥饿和寒冷的袭击，他的肠子剧烈地

痉挛起来，伴随着一阵阵极其强烈的疼痛。

从此，徐悲鸿患上了终生未愈的肠痉挛症。病发时，剧烈的疼痛会如刀绞般难耐，他的面颊和嘴唇都因失去血色而变成可怕的苍白。然而，自幼就颠沛流离、吃尽苦头的徐悲鸿仍然强迫自己努力作画。1921年，徐悲鸿曾在当时所作的一幅人体素描上写道：“如果当时有钱做一件外衣御寒，也不至于得病。到现在已经四年了，还经常发病，常常是疼痛难忍。人们看我的画，又有谁知道我常常是在疼得难以支撑的情况下画的呀。”这幅画现在还保存在徐悲鸿纪念馆。

在巴黎，徐悲鸿还结交了很多像他一样有理想、有抱负的青年留法学生。杨仲子、谢寿康、沈宜甲、盛成、曾觉之等人都是这时认识的。

杨仲子聪敏过人，专攻音乐，又精于书画篆刻。徐悲鸿所用的许多印章，大都出自杨仲子之手。他回国后，曾担任国立音乐学院院长。沈宜甲专攻化学，回国后曾创办化学工厂，并从事研究工作。盛成是徐悲鸿在震旦大学的同学，他在巴黎用法文写作的《我的母亲》一书，受到法国文化界推崇，随后他又将《老残游记》翻译成法文。谢寿康回国后曾担任南京中央大学文学院院长，后来便长期出任国民党政府的外交官。曾觉之长期担任北京大学教授，并翻译了一些法文著作。

当时，徐悲鸿经常和这群有志向的青年朋友们聚在一起，谈论国家的前途、个人的命运，抒发着各种的议论和感慨。徐悲鸿以一颗赤子之心，渴望祖国能走向富强、民主与科学。

十三　拜师达仰

徐悲鸿曾经说过这样一句话：“今生除了父亲之外，教诲我最多的就是达仰先生了。”

1920年初冬，法国著名雕刻家唐泼特夫妇举行茶会，徐悲鸿应邀参加。与会的都是法国当代的文化名人。唐泼特特别为徐悲鸿介绍了达仰·布佛莱。

徐悲鸿对达仰先生的作品久已倾心。达仰先生的名作《林中》、《降福的面包》、《征兵者》、《玛甘泪》、《穷祸》、《摄影人家之婚礼》、《种牛痘》等，都以极其严谨、娴熟、精练的艺术语言，抒写了人物的精神面貌，深刻感人。现在，面前的达仰先生十分平和而安详，丝毫没有骄矜的神色，这更使徐悲鸿从心底涌起一

◎达仰·布莱尔

股亲切而尊敬的感情。

“先生！”徐悲鸿简单、直率而恭敬地说，“我很盼望能得到您的教诲。”

达仰先生用那双炯炯发光的眼睛，注视着这个来自遥远中国的青年，从他那朴素无华的言词和衣着上，感觉到这一定是一位诚恳而努力的学生。达仰先生没有看错，数十年来从事创作的经验，使他能以敏锐的目光洞察人的心灵。他立即

将自己画室的地址给了徐悲鸿，嘱咐徐悲鸿每个星期天的早晨到他的画室去。

星期天，徐悲鸿早早地起床，在晨雾缭绕中走向达仰的画室。他匆匆穿越宽阔的林荫道，呼吸着带着朝露的清新空气，情不自禁地回忆起在故乡的日子。那时，他为了全家的生活，经常要步行数十华里去教课。那时的自己是多么年轻而幼稚啊。如今，越是学习，越感到自己的能力浅薄。正所谓“学然后知不足”。在巴黎，徐悲鸿就像一个饥饿的人渴求面包和水那样渴求着文化和艺术。

达仰先生是一个很勤谨的人，虽然他早已是功成名就，虽然已经到了人生的黄昏岁月，但是他依旧保持着每天从清晨就到画室里作画的习惯，即使是星期天也不例外。达仰见徐悲鸿如约前来，立即现出非常喜悦的神情，引导徐悲鸿观看了他那些挂在墙上的作品和一些素描、速写散稿。徐悲鸿深深地感到：达仰先生功力深厚，他的画笔真是妙尽精微，那些人物肖像画，也都栩栩如生，真有呼之欲出之感。当时已届68岁高龄的达仰先生，还兴致勃勃地向徐悲鸿谈起他年轻时的往事。

他说："我17岁做柯罗先生的学生。柯罗先生教我要诚、要自信，不要舍弃真理以徇人。我始终信守柯罗先生的教导，五十余年来，未敢忘却。"他微笑着，继续说道，"你既然来向我求学，我首先应当把柯罗先生的嘉言赠送给你。"

柯罗是19世纪法国最杰出的风景画家。他明确提出了"面向自然，对景写生"的口号。他甚至还说过："我唯一的爱人是大自然，我终生对她忠贞不贰。"柯罗还是一位杰出的人物画家，达仰就深受柯罗肖像画朴素、庄重风格的影响。

"先生，我当铭记在心。"徐悲鸿感动地说，"中国有句古语：'精诚所至，金石为开'。您说的'诚'，一定是这个意思吧？"

达仰先生高声地笑起来："对！对！你说得很好，就是要专心致志，全力以赴，同时，还要有达到目的的信心，要自信，决不能自馁。至于不要舍弃真理以徇人，那是毋须解释的，对吧？"达仰先生用他那锐利的目光直视着徐悲鸿。

“对！”徐悲鸿信服地说，“艺术首先应当是维护真理的，它本身也必须体现真理！”

达仰先生不停地点着头，欢快地笑着，以致他那瘦削的身子有节奏地摇摆起来。他显然非常乐于听到这个中国学生所说的这些话。

随后，他仔细地一张一张地看了徐悲鸿带去的习作，十分嘉奖徐悲鸿的努力，并勉励他说：“学画是件非常艰苦的事，希望你不要趋慕浮夸，不要甘于微小的成就。每画完一幅精心的素描后，就要记住其特征，默画一幅，然后再对着原作改正差误。这样，画一幅便等于画三幅，可收事半功倍之效。”

徐悲鸿遵从达仰的教导，举一反三，果然进步很快。

除去每个星期天要跟随达仰先生学画外，徐悲鸿更多的时间还是在巴黎高等美术学校校长弗拉孟先生的班上学习，由于他刻苦勤奋，很快便以优秀的成绩由素描班升入油画班。但使他苦恼的是没有钱购买油画工具和颜料。只好又从十分贫乏的生活费用中挤出钱来，每餐又只能以一杯白开水和两片面包充饥。这样，才逐渐积攒了一笔钱。徐悲鸿第一次画油画人体，便受到弗拉孟先生的称赞。后来，每次考试都名列前茅。

因为政局动荡，赴法留学生的经费曾经几度中断。徐悲鸿被迫到德国柏林居住学习了一年，在那里结识了德国柏林美术学院院长康普先生，还有中国的留学生宗白华、朱家骅、陈寅恪、俞大维等人。一年后，徐悲鸿重又回到巴黎国立高等美术学校。每逢星期天的早晨，徐悲鸿仍去达仰先生的画室里受教。

“先生！”徐悲鸿见到已二十个月不曾见面的达仰先生，激动地叫道，“我在柏林虽很努力，学习上并无丝毫松懈，但我觉得毫无进步。”一见面，徐悲鸿就迫不及待地把心中的疑虑统统告诉了自己的老师。

达仰先生认真、仔细地检视了徐悲鸿在柏林所作的速写、素描和油画，十分称赞。但是他仍以坚定的语气说：“你必须再继续画严格的、精确的素描。描绘人体时，必须分细部研究，务必体会那些精微的东西，不要追求爽利夺目的笔触。”

达仰先生站起来，在他那间宽大的画室里一边慢慢地踱着方步，一边看着徐悲鸿说：“当然，还需要下苦功。人须有受苦的习惯，因为没有经历过苦境的人，往往缺乏宏大的志愿，世界上最大的作家都是意志和毅力最强的人，所以能为人类申诉……”

徐悲鸿遵从达仰先生的教导，继续在素描上下苦功，很有成效，于是更加努力。1923年，法国举行全国美展，徐悲鸿在柏林所作的油画《老妇》入选，在展览会上获得好评。

学然后知不足。徐悲鸿在巴黎高等美术学校以优异的成绩通过了美术史、美术理论、解剖、透视等课程的结业考试以后，仍然毫不松懈地学习和创作。平日里，徐悲鸿有时会去罗浮宫临摹油画。逢到星期天，是他最快乐的日子。因为他可以到达仰先生的画室里，聆听达仰先生的教诲和鼓励，还可以见到达仰先生的一些老友。他们都是七八十岁的长者，常在一起评论作品，或漫谈一些历史掌故。其中有一位安弥克先生，既是作家，又是鉴赏家和收藏家，他购藏了达仰的许多佳作，陈列在巴黎郊外的“香低怡”中。在这些艺术大师们的熏陶之下，这个已经把身心熔铸在美术事业里的青年，对美术和绘画的理解越来越深刻了。

徐悲鸿在欧洲留学八年。这八年里，他和达仰先生建立起了深厚的师生情谊。在他即将结束留洋生活之际，徐悲鸿第一件事情就是要去向他敬爱的老师告别，因为中国和法国远隔万水千山，他不知道这一别要多久才能再相见。

这天，徐悲鸿去辞别达仰先生。就像往常那样，他轻轻地走进那间十分熟悉的客厅。达仰所画的他的夫人的油画像悬挂在正面墙上，另一面墙上挂着达仰的自画像和达仰画的一幅十分宁静和谐的风景画。徐悲鸿又照例站在这些作品前面欣赏着，但是却不见达仰先生像往常一样含笑走出来。等了一会儿，神色忧郁的达仰夫人走进了客厅。

“啊，对不起，徐悲鸿先生，你的老师卧病在床了。他工作得太多，可能是因为画那张大幅油画而过分疲劳，得了心悸症。”夫人的面容苍白而憔悴。多年来他和达仰先生形影相依，他们唯一的爱子不幸在第一次世界大战中牺牲。

“夫人，这使我很难过，我能不能去他卧室里看望他？因为我马上就要回国了。”

达仰夫人将徐悲鸿领进了卧室。病床上的达仰先生显得十分疲乏和虚弱，那张布满皱纹的脸更加瘦削了，他在不停地喘息着。见到徐悲鸿进来，他竭力使自己仍像往常一样和悦地微笑。

“先生，您觉得好一些吗？”徐悲鸿关切而焦灼地问。

“很不好，我的脉搏每分钟跳一百六十次，我太疲劳了。”他喘息着说。

徐悲鸿敏感地意识到这次离别可能是他们师徒之间的永诀了，于是一种十分凄楚的心情包围着他。他深恐达仰先生察觉，只好勉强谈笑，却又不知道如何措辞，迟疑了一下，才说：“我这次送往法国全国美术展览会的作品共有九幅，都入选了。”

“很好。”达仰先生说。

“但是，”徐悲鸿说，“展览会征收每幅作品陈列费达八十法郎，简直是在牟利了。”

达仰先生喟然长叹道：“是呀！”他喘息了片刻，十分凄伤地说，“听说你要回国了，我心里很难舍。希望你继续努力不懈，做一个伟大的中国人。将来如果有机会，愿你再来法国。”

“先生，但愿我能不辜负您的希望和教导……”徐悲鸿觉得有许多话想说，他多么想向这位老师表达他最深切的感谢，他深深感到，除了自己的父亲以外，只有达仰先生对他的教诲最多。但是，他的嘴唇在打战，话却没有说出来。他只能竭力忍住悲伤。徐悲鸿最后一次握了握达仰先生那双又干又瘦的手，依依不舍地与达仰先生辞别。

1930年4月，已经回到祖国的徐悲鸿在回忆老师达仰先生时，这样写道：

吾至诚壹志，乃蒙帝佑，足跻大

邦，获亲名师，念此身于吾爱父之外，

宁有启导吾若先生者耶？

十四　问学康普

1921年夏天，徐悲鸿的肠痉挛症更加严重了。而国内由于时局动荡，中断了留学生的经费。在贫病交迫下，他只好去柏林。因为战后的德国正遭遇通货膨胀，马克贬值，同样数目的法郎，在德国可增值数倍。徐悲鸿回忆说：

> 是年，吾胃病甚剧，痛不支，而自是学费不至。乃赴德国居柏林，问学于康普（Kampf）先生，过从颇密。先生善勃纳尔先生，吾校之长也，年八十，亦康普前辈。

在德国，徐悲鸿看到了门采尔、绥干第尼的

绘画和脱鲁倍斯柯依的雕塑。这使他大开眼界，感到在法国见到的作品虽多，仍有局限之处。但是，徐悲鸿也发现德国当时有一些很有才能的画家，却在画一些荒谬怪诞的画。他便去访问柏林美术学院院长康普，直率地对他说："先生是德国艺术界的前辈，又是美术学院院长，对此能没有责任吗？"

康普先生无可奈何地答道："他们这样疯狂，我有什么办法呢？"

徐悲鸿非常喜爱康普的作品，康普的油画精炼、凝重、宏丽，代表作有《铸工》、《同仇》，还有气势磅礴的柏林大学壁画，颇能体现日耳曼民族作品的风格。康普的素描简约而精确，隽秀而坚实，极具功力。他说："人能善描，则绘时色自能如其处。"徐悲鸿称康普是世界上最善描者之一，经常向康普先生求教问学。

徐悲鸿在柏林将近两年，不论寒暑，每天作画都达十小时以上。当时，他最喜爱伦勃朗的画，便去博物馆临摹。每天自晨至暮，一口气临摹十小时，既不吃饭，也不喝水。特别在临摹伦勃朗的《第二夫人像》时，他下了很深的功夫，觉得略有收获，但却不能用在自己的作品上，于是更加努力。然而徐悲鸿仍感到毫无进步，心中窃窃忧虑：这到底是什么原因呢？直到后来徐悲鸿再次回到法国，才在达仰先生的指导下找到了自己为何事倍而功半的原因。

虽然当时徐悲鸿还找不到问题的症结，但是他一刻也没有放松自己的努力。他自幼喜爱描绘动物，而柏林的动物园中，猛兽的槛栏都是半圆形，最便于画家速写。徐悲鸿很爱狮子，每当天气晴朗，又无模特时，他就去动物园画狮子的速写。

对艺术的追求，常常使徐悲鸿不顾一切。他一进动物园就是一天，不到闭园，他是不会离去的。就像在法国马场画马时一样，他精细地观察狮子站、卧、走、跃的各种姿态，仔细地研究狮子的结构，一丝不苟地画狮子的速写。有时，他长时间站在那里观察，那种专注、凝神的样子，游客们还以为他中了什么魔呢！为了观察狮子一天的生活规律，他到了吃饭的时间也舍不得离开。一整天饥肠辘辘，肚子咕咕叫着，他便作一口深呼吸，仍然眼不离狮子，手不离画面。饲养员来了，给狮子喂食物，狮子那津津有味的咀嚼声，强烈地刺激和诱惑着一天没有吃饭的徐悲鸿，饥饿的感觉更加难以忍受了。然而，已经将全部身心倾注到狮子身上的徐悲鸿，两只炯炯发亮的眼睛仍在捕捉着这只猛兽吞食时的动作特点，手中的画笔还在不停地画着。

据徐悲鸿《述学》篇说：

> 旋旅欧洲。凡名都之动物园，靡不涉及流连。既居德京，以其囿之布置完善，饲狮虎时，且得入观，俾人环睹，其动物奔腾坐之状，尤得伫视，详览无遗，故手一册，日速写之，积稿殆千百纸，而以猛兽特多。尔后未易此嗜。

功夫不负苦心人。后来，就如同他画马一样，徐悲鸿凭记忆就能将狮子的各种动态画出来，创作了不少以狮子为题材的作品。徐悲鸿画狮，不如画马名气大，原因主要是他画狮的作品相对较少，流传不广，其实他画狮的艺术水准绝不亚于画马，而且，如果从中国绘画史的角度来考虑，他画狮的价值也许要更大。

徐悲鸿画的狮子神形毕肖，目光锐利，威猛不可一世，尽显百兽之王的本色。他画狮的技法、风格大抵同于画马，只是他画狮时，心情更加激动，用笔更加猛烈，尤其是画雄狮的项毛，下笔猛刷猛扫，颇有席卷千军万马之势。徐悲鸿画狮，是他借物言志的手段。有人把中国比作睡狮，认为一旦醒来，将会震惊世界。徐悲鸿画的狮子，都是醒狮、飞跃之狮或负伤之狮、侧目之狮，很多狮画上还都题写着“危亡益亟，愤气塞胸，写此自遣”，“国难孔亟……聊抒忧怀”等字句。青年徐悲鸿那满腔的爱国热情，那一颗忧国忧民之心，在他的雄狮图上体现得淋漓尽致。

有一天，徐悲鸿在一家画店看到了康普等当代著名大师的很多作品，折合外币，价格非常便宜。徐悲鸿又情不自禁地想买下来。但他的学费

已断绝了十个月，前途很渺茫，即使想借债，也无处可借了。他踌躇再三，心中很想去向中国驻德国的大使请求帮助，又怕遭到拒绝；但想到如果坐失良机，将是终生遗憾，于是辗转反侧，终宵不眠。

第二天清晨，他鼓起勇气来到中国大使馆。大使先生在那富丽堂皇的客厅里接待了他。徐悲鸿开门见山地说明了来意，并且极力称赞那些作品如何佳妙，作者如何著名，价格折合外币如何便宜，请大使先生借钱给他买下。为了取得大使先生的信任，徐悲鸿还提出，可以先将那些作品挂在中国使馆，等待借款归还以后，再来领取。但大使频频点头以后，却慢条斯理地说："待我派人去银行查查，看看是不是还有多余的钱。"

徐悲鸿知道这是大使先生的官场敷衍之词，只好怏怏地离开使馆，去找留德的同学宗白华和孟心如等人商量。大家凑了一笔钱，借给徐悲鸿，买下了康普两幅油画。一幅是《包厢》，描写剧院包厢的观众，另一幅是人物肖像，都是康普的精心之作。

徐悲鸿又写信给国内的康有为等人，呼吁筹集四万元，便可购置大量外国美术家名作，在国内建立一所外国美术陈列馆。因为当时在德国的美术品价格比原值要低数十倍。但徐悲鸿的呼吁并没有产生任何作用。后来，他回忆起这件事，曾极为感慨地写道："惜乎听者藐藐，而宗白华又非军阀，手无巨资相假也。"

在柏林，徐悲鸿结识的几位朋友都是异乎寻常的。除宗白华外，还认识了朱家骅、陈寅恪、俞大维等留学生。宗白华才思敏妙，刻苦攻读，归国后，长期担任中央大学和北京大学哲学系教授，成为我国著名的哲学家。此外，宗白华还是我国著名的美学家和诗人，是我国现代美学的先行者和开拓者，被誉为"融贯中西的一代美学大师"。他的美学论文集《美学散步》影响深远。

朱家骅和俞大维虽也聪敏过人，但回国后都参加了国民党统治集团，做了高官。朱家骅曾长期担任教育部长，俞大维则长期担任国防部长。

也是在柏林，有一位在伦敦学习美术的中国学生张道藩，正在那里旅游，特地访问了徐悲鸿，对徐悲鸿表示钦慕。不久，他又到巴黎学画。这位来自贵州、举止阔绰的花花公子无心学习，他仰慕的只是欧洲的物质文明，留学只不过是为了镀金。因此，他在绘画上一无所得，也一无所成。回国后，他成了国民党中统特务的头目。也正是张道藩破坏了徐悲鸿的婚姻，直接导致了徐悲鸿和蒋碧微走上了最终分道扬镳的境地。

十五 穷途末路

1922年初春，虽然气候依旧寒冷，但来自巴黎的好消息却使徐悲鸿感到异常温暖。先是听说国内将继续供给留学生学费，使他很快能回到巴黎去，继续学业；接着，巴黎一家书店和一家画店几乎同时给徐悲鸿寄来了稿费，加起来将近一千法郎。

“悲鸿，你说‘天无绝人之路’，我过去总不爱听，现在看来，也许有几分道理。”蒋碧微走近悲鸿身旁，脸上透着异常柔和的微笑。

“是这样！人必须有信心去战胜生活中的一切逆境。首先，不应悲观绝望，不能在精神上退缩！”徐悲鸿一面踩着人行道上的树影，一面说着，“我相信每个人都有可能走向成功之路，但

必须自己有坚强的毅力去开创。”

“那么，你就相信自己能开出一条路来？就一定能在绘画上取得成就？”

“当然能够！我坚信我的意志和毅力，我将百折不挠。你呢？”他抬头看着妻子。

“我呀！”蒋碧微思索地说，“我还是继续学我的小提琴吧！”

徐悲鸿终于又回到法国，在巴黎国立高等美术学校上课了。这时校长弗拉孟先生已逝世，倍难尔先生继任校长。

在徐悲鸿成名之后，他曾经多次把自己的父亲徐达章和恩师达仰先生、倍难尔先生相提并论。他说：

> 吾受于父者，曰攻苦；受于师达仰先生者，曰敏求、曰识量；近又受倍难尔先生一言曰敢、曰力行。

谁知世事难料，平静的生活并没能持续多久。1924年，留学官费再一次完全中断供给，徐悲鸿又陷入生活困顿的局面。这一时期的徐悲鸿给百货公司画画，蒋碧微也帮别人缝补衣服补贴家用，但仍然吃了今天的晚餐，不知道明天的早餐在哪里。

在一个不眠的夜晚，蒋碧微忽然皱蹙双眉，无限烦恼地说："这日子怎么过呵？有了今天的，没有明天的，老鼠还有隔夜粮，可是我们呢？"

"我还是那句话，天无绝人之路，"徐悲鸿依旧信心十足，"我就不相信有什么困难能难住我。"

"可是，人总是要吃饭呀！而且也不能再向书店和百货公司去预支了！"蒋碧微的脸上布满了愁云。

"碧微，不要着急，"徐悲鸿安慰她说，"我可以写信找朋友借点钱……"

但是，宁静的夜晚似乎起了变化。"呜呜"的风声急速地从屋顶吹过，沉重的雨点打在窗子上，阁楼的天窗上突然发出了"噼噼啪啪"的响声。雨水"滴滴答答"地漏下来，一会儿，倾盆大雨便"哗啦哗啦"地往屋里泼来，玻璃也"乒乒乓乓”地坠落下来。徐悲鸿和妻子惊恐地看着眼前这一幕骇人的情景，慌忙把地上的东西搬到床上、桌子上。这场夹着大冰雹的暴雨足足下了一个多小时才停止。

好容易挨到了天亮，徐悲鸿急忙去找房屋的主人。房主却冷淡地说：“先生，不用说了，这应该由你赔偿！”

“这是天灾啊！”徐悲鸿带着满腔的委屈说，“不是我损坏的，怎么能叫我赔偿呢？”

“先生，你还是回去看看我们签订的租赁合同吧！”房主说。

徐悲鸿跑上阁楼，打开合同，只见上面写着：“房屋损坏，不论任何理由，均由房客负责赔偿。”徐悲鸿无话可说，只好和蒋碧微一起分头筹钱，四处借贷。他们陷入到一种穷途末路的境况之中。

终于，徐悲鸿向朋友借的钱寄来了，恰好够赔偿被冰雹打碎的那十五片玻璃。贫穷依旧困扰着徐悲鸿。这真应了中国那句老话：一分钱难死英雄汉呀！正在徐悲鸿走投无路、山穷水尽的时候，驻法公使赵颂南资助他渡过了这个难关。

当时驻巴黎总领事赵颂南先生是江苏人，与徐悲鸿有同乡之谊，虽未曾见面，但他听说了徐悲鸿的穷困和刻苦努力，于是给徐悲鸿写了一封信，并寄赠五百法郎。这真是雪中送炭呵！徐悲鸿怀着感激的心情拜望了赵颂南先生，并为赵夫人精心地画了一幅油画肖像。

这幅《赵夫人像》在徐悲鸿的绘画道路上具有里程碑式的重要意义。徐悲鸿有一段话专门谈这幅作品：

> 吾抵欧洲五年以来勤奋之功，克告小成。吾学博杂，至是渐无成见，既好安格尔之贵，又喜初伦之健。而已所作，欲因地制宜，遂无一致之体。前此之失胥因太贪。如烹小鲜，既已红烧，便不当图其清蒸之味，若欲尽有，必致无味。吾于《赵夫人像》，乃始能于作画前决定一画之旨趣，力约色象，赴于所期，既成，遂得大和，有从容暇逸之

> 乐。吾行年二十八矣，以驽骀之资，历困厄之境，学十余年间，至是方得几微。回视昔作，皆能立于客观之点，而知其谬，此自智者，或悟道之早者视之，得之未尝或觉，若吾千虑之得，困乃知之者，自觉为一生之大关键也。

在艰辛贫寒的学习生活中，徐悲鸿也常常苦中作乐。当时欧游学人中各色人才都有，闲时常常聚在一起探讨大洋彼岸的家事国事天下事，感慨国内政治腐败，嘲笑当时“帮闲文人”的不是，在几个人的说笑戏谑间，竟然成立了一个别开生面的“天狗会”绘画社团组织。

“天狗会”成员中有谢寿康、徐悲鸿、张道藩、邵洵美等，此外还有一些重要分子，譬如孙佩苍是军师，郭子杰是“天狗会”行走，蒋碧微则被戏称为“压寨夫人”。“天狗会”社团的成立，带着几分玩笑，或许，也可以看作是对当时国内颇为著名的西画美术组织“天马会”的讽刺。

“天马会”是由汪亚尘、刘雅农等人发起的国内第一个新兴美术团体组织。在画家刘雅农于1980年写的《上海美专忆旧》中，详细记述了天马会的创始人，分别是：丁慕琴、江小鹣、汪亚尘、陈晓江、杨清磐、张辰伯和刘雅农。一开始，“天马会”只是一个小团体，仅仅局限于几个人知道，后来影响慢慢扩大，上海美专的很多学生都来参加了，刘海粟也成为“天马会”的主要成员。

刘海粟撰写了《天马考》和《天马是什么》，在《艺术周刊》上发表，述说“天马会”的宗旨：一，发挥人类之特性，涵养人类之美感；二，随着时代的进化研究艺术；三，拿美的态度创作艺术，开展艺术之社会，实现美的人生；四，反对传统的艺术、模仿的艺术；五，反对以友谊的态度来玩赏艺术。“天马会”还规定，每年春秋两季，征集新作，公开展示。

在“天马会”组织的首次展览上，孙中山先生也特地前来参观。画展在当时影响很大，后来逐渐扩大到国画，画家吴昌硕、王一亭等人也拿

作品参加过展览。

虽然“天马会”在国内影响很大，但是在游学欧洲的留学生看来，不过是一个闲适文人组织的一个无聊社团罢了。

1924年，是徐悲鸿留学欧洲的第六个年头，也是他在生活上最为贫困的一年。他在《持棍男人体》上自题：“甲子岁始，写于巴黎，时为来欧最穷困之节，至无可控告也。”

此时徐悲鸿在艺术上开始全面走向成熟，按他自己的话说是“勤奋之功，克告小成”。这一阶段，徐悲鸿创作了许多优秀的作品，并广受好评。其中《远闻》、《怅望》、《琴课》等在巴黎展出，轰动了整个巴黎美术界。同时，他也创作了大量具有代表性的优秀素描作品。大画家勃纳尔遇到达仰时说：“您的学生徐悲鸿，真是一个奇才呀，即使在我们这一辈人中，也是极少见的。”

也是在这一年，徐悲鸿认识了留法的周恩来。有一天，在巴黎公社社员墓碑前写生的徐悲鸿，偶遇了前来凭吊的周恩来。《周恩来传》的主笔、中央文献研究室研究员廖心文说：

当时周恩来到巴黎公社社员墙前凭吊死难烈士，遇到了正在这里写生作画的徐悲鸿。两个人相见以后，可能因为两个人都是江苏人，所以觉得特别的亲切。他们在巴黎产生的这种感情，延续到新中国成立以后。

多年以后，徐悲鸿去世，周恩来总理亲自参观了徐悲鸿的遗作展览。他站在徐悲鸿的遗像前，回忆起他们在巴黎公社社员墓碑前的初遇。他指着挂在遗像两侧的徐悲鸿手书鲁迅名句“横眉冷对千夫指，俯首甘为孺子牛”，对随行的人说：“徐悲鸿便有这种精神。”后来，以悲鸿故居为基础的徐悲鸿纪念馆建立，周总理亲自题写了“悲鸿故居”的匾额，以示他对徐悲鸿的尊重和怀念。

十六　买画·卖画

徐悲鸿不是一个富翁，不仅不富有，相反还非常贫穷，尤其是他在欧洲留学的时候，更是一贫如洗。但是他却非常热衷于收藏，只要见到自己喜欢的书画作品，不管多贵也要把它们买下来。收藏是需要金钱做后盾的，但是徐悲鸿没有钱，他是一位画家，因此，他只能用自己卖画的钱来买画。

1925年秋天，巴黎那高大的法国梧桐树上，叶子开始渐渐变黄。徐悲鸿的绘画也到了比较成熟的时期。他画了许多卓有功力的人体素描，为他以后的创作打下了坚实的基础。他还创作了油画《箫声》、《蜜月》、《远闻》、《怅望》、《抚猫人像》等，尤以《箫声》和《远闻》备受赞扬，《怅望》则被达仰先生的挚友购去。

有一天，徐悲鸿在巴黎一家画店忽然见到达仰先生的一幅油画《奥菲丽娅》，他立刻被吸引住了。奥菲丽娅是莎士比亚的名剧《哈姆雷特》中丹麦王子哈姆雷特的恋人和未婚妻，是那场残酷的王室斗争中的无辜受害者和牺牲者。达仰先生敏锐地抓住了奥菲丽娅在失恋后精神失常，不幸失足溺水，临死之前的瞬间场景，通过奥菲丽娅那呆滞的眼神、惆怅的表情，刻画出这个纯真少女极其痛苦的心理状态。美丽而不幸的奥菲丽娅手中拿着紫罗兰、荨麻、延命菊，失神地坐在林中树枝上，她把自编的花环挂在枝头，双肩披着纤长而柔软的金发，美丽的眼睛射出炽烈而忧伤的光芒，她仿佛在向人生看最后的一眼。周围是静悄悄的原野，没有人听见她内心的呜咽。这幅作品宛如一首悲伤的抒情诗。

徐悲鸿徘徊在这幅精美的油画面前，久久不忍离去。他是多么想把它买下来啊！但是，他每天连吃饭都发愁，怎样去筹措这笔巨款呢？这简直是痴心妄想了。然而，徐悲鸿抱着事在人为的

决心，向画店老板请求保留这幅作品，他一定按照原价，不打任何折扣，尽快地买下来。画店老板答应了他的要求，时限是不超过三个月。

徐悲鸿满怀信心地为筹措画款奔波，但筹集那样一笔巨款又谈何容易！这时，正好旅居新加坡的华侨黄孟圭先生在巴黎倦游思归。他很器重徐悲鸿的才华，听说筹款之事后，力劝徐悲鸿去新加坡卖画。徐悲鸿筹款心切，立即接受了这个建议，启程赴新加坡。蒋碧微则留在巴黎，等待徐悲鸿归来。

明媚的新加坡鲜花遍地，仿佛是太平洋上一座美丽的花园。那里华侨众多。黄孟圭和他的二弟黄曼士将徐悲鸿介绍给华侨巨商陈嘉庚先生，徐悲鸿便为他画了一幅油画像。陈嘉庚先生以二千五百元现洋赠送徐悲鸿。

徐悲鸿立即将这笔钱汇往巴黎的画店，达仰先生的《奥菲丽娅》便如愿以偿地归徐悲鸿所有了。徐悲鸿当时那种喜悦，简直是无法言传的。为了答谢陈嘉庚先生，徐悲鸿又画了马克思和托尔斯泰的油画像，赠给陈嘉庚先生所办的厦门大学。

徐悲鸿还为新加坡其他华侨领袖画了肖像，尽管有时挥汗如雨，但终于得到一笔数目不小的钱，足够他和妻子在巴黎生活几年。徐悲鸿没有即刻返回巴黎，他系念阔别了六年的祖国，便由新加坡匆匆回到上海。

上海依旧是半封建半殖民地的城市，也依旧是穷人的地狱，富人的天堂。国内仍处于帝国主义为后台的军阀割据下，政治黑暗，民不聊生。这一切的一切加深了徐悲鸿从少年时代就萌发了的忧国忧民之情怀。

他去访问了田汉。这位热情的作家，和徐悲鸿一见如故。他们开怀畅饮，针砭时弊，发着感慨，如同多年的老友一样。他们的友谊从此开始，终身未衰。田汉为徐悲鸿举行了“消寒会”，介绍徐悲鸿和上海文艺界人士郭沫若等人见面。

徐悲鸿还去看望了康有为和黄震之，并为他们作了油画肖像，以表示对他们的感谢。

回到了上海的徐悲鸿，深情地思念着远在巴

黎的妻子，尽管生活在一起时，有时并不融洽，但七载相依的感情却牢牢地系在徐悲鸿心上。他梦见了她，并作了《梦中忆内》的诗：

衫叠盈高阁，
椽侵万卷书，
梦中惊祚异，
凄绝客身孤。
不解憎还爱？
忘形七载来，
知卿方入夜，
对影低徘徊。

但是，远在巴黎的蒋碧微是否“对影低徘徊”呢？

用蒋碧微自己的话说：“起先，我以为他走了，我一定会寂寞、无聊，想不到正相反，以后的日子竟过得十分愉快、轻松……和张道藩、谢寿康、邵洵美、常玉各位先生经常在一起坐咖啡馆、聊天、看戏、看电影，而且我还学会了跳舞，有时也出席晚宴和舞会。”特别是张道藩对她的殷勤、细致，使她觉得他们两人是多么契合，他们的志趣多么相投，他们的生活态度又多么一致。因此，在徐悲鸿不在的日子里，蒋碧微便常常请张道藩充任她的男伴。

他们的亲密关系，当时已成为巴黎一些朋友们暗中议论的话题。但是，远在祖国的徐悲鸿却毫不知晓，他只有一颗艺术家的善良的心，有时甚至是天真的心。他从未怀疑妻子。

时光匆匆，徐悲鸿在上海逗留了三个月。

正是暮春三月，江南草长莺飞的时节，徐悲鸿又启程离开上海，前往巴黎。遥远的路程，分别半年多的思念，使徐悲鸿急切地盼望见到妻子。但是，容光焕发的蒋碧微，见到徐悲鸿的第一句话却是询问：“你带回了多少钱？”

徐悲鸿如实地告诉她，在新加坡挣的钱不少，但在上海又买了一些书籍、字画，剩下的虽不多，但也足够他们在巴黎生活一年。于是愤怒、埋怨、责备便像疾风暴雨一样向徐悲鸿扑面而来。徐悲鸿没有再说一句话，默默无言地忍受

着。但沉默却使蒋碧微更加愤怒："你的法宝就是不说话！你以为这样就制服了我？"她高声说着，"我还要跟你过多少穷日子？"

"碧微，"徐悲鸿终于又开口了，"我多少次对你说过，我爱画入骨髓，永远也改不了，愿你能谅解，你为什么还要吵闹呢？"

"你老是这一套，爱画入骨髓，爱画入骨髓，你就是不爱我！你的全副身心都只放在画里！"

"碧微，我是一个画家，我能不爱画吗？你为什么总是把自己和画对立起来呢？"徐悲鸿依旧用温存的口气说。

"你太使我失望了，我原以为有那样多卖画的钱，我们把它存入银行，可以好好在国外生活些年，可你……"蒋碧微的声音里带着哽咽，停了片刻，接着说："你还把在上海买的那些书籍字画都留在国内，也不带点出来！难道你打算很快回去不成？"

"我当然希望很快回去。我是为了振兴祖国，给祖国争光才出来留学的。"徐悲鸿开始激动起来，"我这次回到上海，见到国内的情况日非一日，更感到肩上的责任沉重。我急切地盼望学成归国，为自己的国家干一番事业。”

“跟你一起生活这么多年，连个像样的家也没有！上无片瓦，下无寸土，你总是画呀，国家呀，一套一套的大道理，我真受不了！况且，我也不是不爱国，我也希望祖国富强，但我们自己不能总是这样贫困……”她终于失声痛哭起来。

徐悲鸿不再说话，也不想去抚慰她。这样的吵闹使他痛苦、烦恼，而且觉得毫无意义，他只好从艺术中去寻求安慰，于是，他又开始埋头作画了。

和蒋碧微不同，徐悲鸿一贯生活简朴，虽是粗茶淡饭，却也甘之如饴，他用毕生精力所追求的是艺术，是理想，不是金钱，更不是物质和享乐。在徐悲鸿的眼中，一幅好的绘画作品，是无论多少金钱也换不回来的。

1943年，徐悲鸿在重庆中央图书馆举办画展，一位协助国民政府工作的美国高级将领看中了他一幅《灵鹫》。这位美国将军在回国前，蒋介石想送给他一件礼物，问他喜欢什么时，他说

只想要徐悲鸿的这幅《灵鹫》。于是，政府官员一次一次请求徐悲鸿出售这幅作品，都遭到了徐悲鸿的拒绝。

官员说：“徐先生，我也是为你好，你看你现在生活也很困难。”

徐悲鸿说：“主任先生，我从小就贫苦，留学法国更苦，现在也苦，但已经习惯了。目前身体不好，经济困难是真，但是我不能拿这张画回谢你。”

“这是蒋委员长命令我来的，因为他已经答应美国将军了。你要多少钱，委员长都会给的，你也给我一个台阶下吧。”

尽管来人苦苦哀求，但是徐悲鸿还是坚决不卖这幅画，他彻底回绝了这场买画交易。

徐悲鸿还有一则收藏事迹被画坛传为佳话。

1949年初，北平城内垂露胡同方家，每月一次书画展销。一天傍晚，徐悲鸿开会回到家，正要休息，忽然想起这天正是方家的展销会，于是又连忙急匆匆地赶往方家。

那是一所普通的老北京四合院，几间屋子里

◎《梅妃写真图》

挂满了字画，方先生正与一位外国驻华大使交谈。原来那位大使相中了一幅元朝王振鹏的《梅妃写真图》长卷，他们正在讨价还价。

徐悲鸿走近一看，原来是描绘宫廷生活的画卷，人物像众多，场面宏伟，宫廷画师正为唐明皇宠爱的梅妃画像，气氛凝静，形象深刻传神。如此一幅技艺精湛的古画，怎可流落到外国人之手，徐悲鸿毫不犹豫地对方先生说："这画照标签上的价格我买了，不少给一分钱。"

这幅《梅妃写真图》最终留在了中国，我们从徐悲鸿在这幅画上的题跋可以看出，他竟然是借钱买下的这幅作品。他的题跋曰：

> 此画以人物树石界画画法而论，可能是仇十洲作品，五百年中惟仇方有此功力。而绢素新洁，虽赖保存之善，但终不能令人想象五百年以上也。昔人有尊古之习，遂以为孤云处士王振鹏，实无根据。余因古人物佳幅难得，工整界画更难得，因借债收之。

说起徐悲鸿的卖画和买画经历，我们不能不提及那幅被他视为“悲鸿生命”的古代绘画珍品《八十七神仙卷》。

1936年，徐悲鸿在香港办画展时，受到作家许地山的热情接待。许当时任香港大学中文学院主任教授，他安排徐悲鸿住在家里，还在香港大学举办了他的画展。

一天，许地山忽然问徐悲鸿要不要搜集中国古字画，酷爱中国书画的徐悲鸿立即表示出很大的兴趣。许地山说德国有位马丁夫人，家里藏有

◎《八十七神仙卷》局部

一批古字画。原来，这位马丁夫人的父亲生前曾经旅居中国多年，搜集了不少中国古代书画，颇引以为豪。这些被他视为传家宝的东西后来留给马丁夫人，由于她不懂中国字画，便束之高阁。研究宗教哲学的马丁夫人在一次旅港之际偶遇许地山，两人遂成为同行知己。在一次偶然的闲谈中，她提出请许地山为她收藏的中国古字画寻求买主。

许地山觉得鉴定这批古字画非徐悲鸿莫属。徐悲鸿也欣然同意。经过联络，马丁夫人全家到香港旅行，把那批中国古字画全带到了香港。马丁夫人十分热情地把徐悲鸿接到自己的住处，打

开所有的箱包让徐悲鸿挑选字画。

在多幅没有落款的普通字画中，徐悲鸿独具慧眼，捧起一幅古卷凝神不语，看着看着，忽然起身对马丁夫人说：我要这一幅，我只要这一幅。马丁夫人有些吃惊地望着他，建议他再看看尚未翻完的。徐悲鸿摇摇头，将随身所带的一万元现金掏出来，又从自己所展作品中选出七幅精品一并推到马丁夫人面前。马丁夫人从徐悲鸿急切的情绪里悟出了此古卷的价值，又有些舍不得了。

许地山说徐悲鸿的这七幅作品都是精心创作的佳品，并带她到香港艺术品估价委员会进行了作品估价，马丁夫人这才愉快地接受了这笔交易。

这幅古卷就是以后徐悲鸿形影不离的《八十七神仙卷》。画面上线条优美飘逸，意境深邃辽旷，令人遐思万千。在深褐色丝绢上的八十七个襟飘带舞的人物全用白描手法，整幅画卷看起来却满纸生辉。画无落款，但徐悲鸿一眼就看出这是一幅出于唐代名家的艺术绝品。那近于缥缈的画面意境使他日夜观摩，兴奋不已。

他精心地刻了一枚“悲鸿生命”的印章，钤于画侧，足见画卷在这位艺术大师心中的地位。

1937年春，徐悲鸿返回南京。恰巧张大千由北平来南京筹备全国美展事宜，此时，黄君璧、谢稚柳等人也在南京，他们把酒畅饮，会聚一堂。此间，张大千、谢稚柳等人还前往徐悲鸿的住处观看了《八十七神仙卷》。张大千见卷后大吃一惊，叹为观止，称这幅当时国内唯一见到的唐代人物画卷有“吴带当风”之感，极有可能是画圣吴道子的真本，谢稚柳等人也表示赞同。自己的珍藏，被同行好友赞赏品评，也是人生一大快事，尤其是对于爱画如命的徐悲鸿来说。这使他更加珍爱《八十七神仙卷》。

1938年秋，徐悲鸿受印度诗圣泰戈尔之约，到印度国际大学讲学。他决定早些上路，以便利用途经香港的机会，让中华书局把《八十七神仙卷》精印下来，以利保存。十月，徐悲鸿自重庆出发，路过广州时，正赶上广州沦陷，他带着画在西江漂泊了四十多天才抵达香港。到港

后，他直奔中华书局，把重新装裱、作了题跋的《八十七神仙卷》交由中华书局采用珂罗版精印。可是由于行程紧迫，徐悲鸿不久就前往新加坡了。行前，他把《八十七神仙卷》郑重地交由香港银行保存。

徐悲鸿前往新加坡是为了举办画展，以筹款捐献祖国抗战。1939年春，画展在新加坡举行之时，他总是不放心古卷，常梦见古卷再遭厄运。于是，他让人迅速去香港取回。

日本偷袭珍珠港事件之后，太平洋战争爆发。日本人占领了香港、新加坡等地。南洋地区一时笼罩在战争狂魔的恐怖之中。新加坡这个弹丸之地顷刻间便充斥了“叽里呱啦”的日语和明晃晃的刺刀。徐悲鸿觉得再也不能待下去了。担心途中有闪失，行前，他将最精美的四十幅作品留在当地一所华侨小学，保存在一个只有教务主任知道的地方，然后他逃出新加坡，取道缅甸奔向祖国。一路上风餐露宿，总算踏进国土。徐悲鸿刚想倒头睡个安稳觉，不料一个晴天霹雳般的坏消息震得徐悲鸿呆呆地发怔：保存在新加坡那所华侨小学的四十幅油画精品全部被毁。

徐悲鸿悲痛万分。他猛然想起《八十七神仙卷》会不会也忘在那里，忙打开行李翻找。可是所有的行李都翻遍了，还是没有，他着急地在屋里大叫。随行人员闻讯赶来，也满屋子替他找，仍然没有，直到一人发现徐悲鸿背上鼓鼓囊囊，让他脱了长袍，这才发现《八十七神仙卷》不知什么时候已被他紧紧地绑在肩头。

1942年，徐悲鸿在云南漂泊，前往昆明举办画展。当时昆明虽然未遭沦陷，但敌人的轰炸机却天天光临，人们每天都要几次钻防空洞。5月10日这天，又传来防空警报。徐悲鸿迅速把即将展览的箱装作品堆于寓所，匆匆锁了门便到楼下躲进了防空洞。待到防空警报解除之后，当徐悲鸿钻出防空洞急匆匆奔到楼上时，骇得他目瞪口呆：居然有人冒着空中炸弹而不顾，乘乱把寓所的门锁撬开了。

徐悲鸿急忙闯进屋内，经清点，发现三十幅参展作品丢失，徐悲鸿几乎晕倒。他蓦地想起《八十七神仙卷》，便疯一般地跑到内室去看，果然，古卷不翼而飞。徐悲鸿扑通一声，摔倒在地……

日子一天天流逝，古卷杳无音信。徐悲鸿茶饭不思，日渐消瘦。后来，徐悲鸿回到重庆，在中国文艺社居住下来。

1944年初夏，中央大学艺术系的学生卢荫寰女士告诉徐悲鸿，她丈夫的朋友领她到一位初识的人家中，发现有一幅古卷与老师丢失的很相似。

徐悲鸿简直惊呆了，他按捺不住激动的心情，询问了有关细节详情，终于断定就是那幅朝思暮想、梦绕魂牵的《八十七神仙卷》。他兴奋得几乎要立即飞往成都，但又怕自己亲自前往会吓着藏匿古卷的人。古画是找到了，但是怎样才能让它完璧归赵呢？

就在徐悲鸿愁眉不展、焦灼不安的时候，一位自称姓刘的将军来拜访他。这位刘将军是徐悲鸿在新加坡办画展时认识的，他也称在成都发现了《八十七神仙卷》，并拍胸脯说他可以万无一失地讨回古卷，但要花一些费用。徐悲鸿当时就塞给他二万元。几经周折，《八十七神仙卷》终于被刘将军带回来了。古卷除了“悲鸿生命”印章及装裱时的题跋被挖割去之外，画面依然如故。徐悲鸿激动不已，潸然泪下，他作诗感叹道：

想象方壶碧海深，帝心凄切痛何深；
相如能任连城璧，负此须眉愧此身。

他十分感激刘将军，先后给了他二十万元现金和十多幅作品用以赎回古卷，事后又多次赠画酬谢。

事情到这里似乎已经结束了，不料数年后当刘将军的真名——刘汉钧被人们知晓后，有人指出，刘汉钧其实是一个地地道道的大骗子。

原来，当年在昆明的警报声里盗取古卷的正是这个“刘将军”。刘汉钧在新加坡与徐悲鸿有过一面之交，从别人口中确知徐悲鸿藏有一幅唐代人物古卷，价不可估，遂萌贪心。他一路尾随徐悲鸿一行回国。当时兵荒马乱，战火连天，徐悲鸿只顾赶路，人困马乏，不曾料想有人盯梢。但刘汉钧开始的时候并没有得到下手的机会。

到达昆明后，徐悲鸿等人安顿下来，刘汉钧就在徐悲鸿寓所的对面楼里租房住下，每日用长筒望远镜向徐悲鸿的室内窥探。

5月10日这天，防空警报声起，利欲熏心的刘汉钧见徐悲鸿匆匆下楼躲进了防空洞，早有准备的他立即从窗口缘绳而下，在警报声中冲上楼去，撬了房门，盗走《八十七神仙卷》及三十多幅徐悲鸿作品，携裹而逃。

此后，刘汉钧带着徐悲鸿的作品四下流窜，在南洋各地打着义卖筹赈的名义，大发了一笔国难财。对于《八十七神仙卷》，他更想因它而暴发。然而四处招摇，终究未达目的，于是突发奇想打算再将古卷卖给徐悲鸿。因此，他自编自导了一场使卢荫寰女士“碰巧”看到古卷的戏，后来果然如愿以偿骗了徐悲鸿。

徐悲鸿明白了刘汉钧的行径后，一些义愤填膺的亲友建议他不仅要追回损失，还要对刘汉钧绳之以法。然而徐悲鸿却说，即使这画确实是他偷的，但他能使古卷完璧归赵，我也对他感激万分了。由此可见徐悲鸿对《八十七神仙卷》那种异乎寻常的珍爱。

徐悲鸿倾其毕生的心血，收藏了千余幅历代绘画作品，除唐代《八十七神仙卷》、明朝《梅妃写真图》、达仰的《奥菲利亚》、康普的《在包厢里》等传世之宝外，还有宋朝的《朱云折槛图》和《罗汉像》、明朝的《右军书扇图》、清末的《风雨归舟图》等，以及任伯年、齐白石等人的大量佳作。因此，徐悲鸿不但被誉为“中国现代绘画之父”，还是中国书画界著名的收藏大家。

徐悲鸿的收藏，完全不同于一般商业性的交易，他的头脑中没有经济意识，纯粹凭着艺术品格高低，只要他认为好的，要多少钱给多少钱，决不讨价还价，宁可借债也不为惜。他经常是看到好东西，情不自禁就叫出“好”来，这样一来价码就下不去了。他无法改变自己的喜好，更不能隐藏自己的感情。

有人劝徐悲鸿克制一些，但他总是无可奈何地笑笑。一次廖静文说他："你何必当着画商面表示那样热烈喜欢这张画，不会冷静一些吗？结果总是被人家抬高了价码，本来是可以少出一些的。"

徐悲鸿承认说得有道理，但是下一次他见了好画仍然赞不绝口，最后还是以高价成交。廖静文开始有些埋怨他。徐悲鸿解释说："当一张好画突然出现在我面前时，我怎能总装出平静无事的样子呢？我是一个画家，对真正的好画不能不激动，不能无动于衷……"

这就是徐悲鸿，不像举世闻名的大画家，更像一个天真无邪的孩子。

徐悲鸿逝世后，廖静文将徐悲鸿的全部作品千余幅，和购藏的唐、宋、元、明、清及近代书画家作品千余件，以及中外美术书籍、画片、碑拓万余件，全部捐献给了国家。1954年，徐悲鸿纪念馆建成，周恩来总理亲自题写"悲鸿故居"匾额。1983年，建于北京新街口北大街的徐悲鸿纪念馆新馆落成，游人络绎不绝。

徐悲鸿走了，通过自己的作品和藏品，他却永远活在了人们的心中。

十七　游历欧洲

1926年夏天，徐悲鸿赴比利时首都布鲁塞尔。他每天去博物馆临摹油画，又像过去一样，总是一口气画下来，一画就是十多个小时，既不吃饭，也不喝水。

当时，他居住的地方正修理下水道，掘地四五尺深。每当他空腹从博物馆回来时，便觉得下水道臭气熏人，须掩鼻而过。吃过晚饭再出来，便不觉得那样臭。一连几天的感觉都是如此。这使徐悲鸿猛然悟到：一个人腹中饥饿时，感觉便灵敏，吃饱了则感觉迟钝。联想起古人所说的“诗穷而后工”，徐悲鸿觉得这是很有道理的。这个年轻的艺术家就是这样，无时无刻不在追求艺术的道路上思考着，探索着，前进着……

1927年春天，徐悲鸿与蒋碧微同赴瑞士和意大利游览。瑞士是徐悲鸿的旧游之地。1919年冬天，应杨仲子的邀请，徐悲鸿曾去瑞士游览。这位才华横溢的杨仲子，当时正在瑞士学音乐，还娶了一位瑞士妻子，他们的家就在日内瓦湖的北岸。杨仲子因擅长金石书画，很乐于与徐悲鸿交往，在他的陪同下，徐悲鸿又一次领略了日内瓦湖山的秀美。神奇的自然景色滋润着徐悲鸿的心灵，培养着他那艺术家的气质。

在意大利的米兰、佛罗伦萨、罗马等地，徐悲鸿纵情欣赏了文艺复兴时期大师们的杰作。达·芬奇、米开朗琪罗、拉斐尔等大师们的传世之作，使徐悲鸿低回感叹，不能自已。他在达·芬奇的名画《最后的晚餐》前，仿佛听到画面上还回荡着耶稣的声音："在座的有一个叛徒出卖了我。"

达·芬奇花了三年时间才画成此画。他在这幅画中打破了传统，不是把耶稣吃惊的弟子们和出卖耶稣的犹大明显地分开，而是把他们画在一起，既表现这一戏剧场面，又十分自然，毫无矫

揉造作。当耶稣宣布在场者中有人出卖了他时，这消息震撼了他的弟子们。他们的面孔现出痛苦、惊异的神情，好像在战栗，只有在画幅中央的耶稣神情安详地在说着话，那忧郁的镇静之情和弟子们惊讶、悲伤、愤怒之情形成鲜明的对比。叛徒犹大惊呆了。他的身体由于吃惊而向后倾，手痉挛地抓住钱袋，竭力想保持镇静，掩饰内心慌张的表情。

徐悲鸿极为欣赏米开朗琪罗的代表作《未竟之四奴》。米开朗琪罗总是用人体展现灵魂，并擅长把人体和痛苦联结在一起。奴隶的肢体向各个方向徒劳地挣扎着，想摆脱束缚自己的枷锁。那痛苦扭动的身躯，那紧张强烈的神情，使人感到从大理石里，喷出一种要从奴役地位中解放出来的呐喊。还有米开朗琪罗画在西斯廷教堂的天顶画，人物的动作、神情与力量都无与伦比。

徐悲鸿还流连于拉斐尔所作梵蒂冈教皇宫中的四组大壁画前。其中一组《雅典学派》，将人类哲学伟大人物聚于一堂，画面中心是被门徒环绕的柏拉图和亚里士多德，画中也有拉斐尔自己。画面上众多的人物或沉思、或伫立、或讨论、或写作、或静听，各具神情，气势雄伟。

在罗马，徐悲鸿还看到了《西莱纳的维纳斯》，这是公元前3世纪的大理石雕刻。虽然，在西莱纳出土的这个维纳斯是无头无臂的，但动作的优雅，结构的精密，量感、质感、内感的表现，却是无比动人，表现了真正的人体美。欣赏了古代许多艺术大师们的绘画和雕刻，徐悲鸿感到惊心动魄，恋恋不忍离去。

回到巴黎后，徐悲鸿决定回国了。他在欧洲学习已八年，刻苦的攻读已经使他获得精湛的写生技法和广博的艺术知识。

1927年4月，巴黎的气候宜人，灿烂的阳光含笑地普照大地，宽阔的林荫道上的树木已一片葱茏。徐悲鸿携带着他那满箱满箧的书画，向车站走去。这些书画不仅有他节衣缩食买来的，还有他自己的许多作品，以及他临摹的许多油画，如德拉克洛瓦的《希阿岛的屠杀》、普吕东的《公理与复仇在追赶凶手》、约尔丹的《丰盛》、伦勃朗的《第二夫人像》等等。

漫长的八年岁月留给他的回忆是如此丰富，当他航行在波涛汹涌的大西洋时，他的心仿佛还留在巴黎。他好像在掀开那八年生活的日记，一段一段、一篇一篇地读着它们，那些贫困、饥饿、疾病的日子，都在他的记忆中闪过去，他惊讶地仿佛第一次才看到自己怎样以顽强的毅力，战胜了那么多困难。他也难以忘记他的老师达仰先生、弗拉孟先生、倍难尔先生，还有曾代替弗拉孟给他上课的老师高尔蒙先生，他们都是德才兼备的人。高尔蒙先生不仅是位优秀的画家，而且有着极其高贵的同情心。他是不幸被汽车撞伤致死的。临终时，他遗嘱不要给汽车司机判刑，他认为司机只是由于疏忽大意而撞伤了他，不是有意要伤害他。多么高贵而动人的心灵啊！徐悲鸿觉得，他接触的大多数法国人，都有这样或那样的美德，待人大都诚恳热情。他们留给徐悲鸿多少美好的回忆啊！

在船上，他遇到了在法国取得国家科学博士学位的物理学家严济慈。徐悲鸿十分钦佩这位以科学论文震动了法国的中国科学家，当即欣然为他画了一幅素描肖像，并用法文在旁边题写了“科学之光”。

回国途中，徐悲鸿在新加坡逗留了一些日子，通过为华侨画像筹得了足够在上海赁屋安家的一笔费用后，才从新加坡乘船返回上海。

徐悲鸿终于又一次远远地望见了黄浦江，望见了祖国，他的心猛烈地跳动起来，带着重归祖国的喜悦，他计划要开创多少事业呵！一定要使中国美术发扬光大，使它在世界艺术的宝库中重新闪耀绚丽的光彩，以提高我们国家的威望，为中国人民争气。这是他多年以来的愿望，现在就要变为现实了！他将立刻投进祖国的怀抱，挑起这副重担。

汽笛在长鸣，轮船“扑哧扑哧”地喘着气，它忽然猛烈地震动了一下，响起了铁锚的“咣当”声。轮船靠岸了。田汉在码头上拥挤的人群中，用力地挥动着他那顶陈旧的宽边礼帽，高声地叫着：“悲鸿！悲鸿！”

徐悲鸿随着拥挤的人流挤上了岸，紧紧地握

着田汉的手说：“寿昌，我终于很快回国了，没有失信吧？”

田汉在近视镜片后闪着那双热情的眼睛，笑呵呵地说：“悲鸿，我接到你即将回到上海的信，高兴得一夜没有睡好。今后我们一起合作，该有多少工作要做！”

灿烂的晚霞好像在天空中燃烧着的火焰，把江水也染红了。对着这滚滚奔流的江水，徐悲鸿不禁想起十二年前那个可怕的、风雨交加的日子，想起了无情的风雨怎样冷酷地打在他那年轻的胸脯上。十二年的岁月流水般地消逝了，他的生活产生了多么大变化！如今，他不再是那样孤苦无依了，而是以一个战士的姿态，投入祖国的怀抱，准备战斗，准备开拓祖国的艺术事业。但是，这条奔腾不息的黄浦江却依旧像当年一样，丝毫没有改变。它和祖国的大地一起，继续沉沦在半封建半殖民地的苦难中。徐悲鸿环视四周，只见衣衫褴褛的乞丐比比皆是，归国的喜悦落去，他很快便皱起了眉头。

田汉也皱起眉头，望着黄浦江宽阔的江面，

他想起不久以前，上海工人武装起义失败后被屠杀的人民，他们的鲜血染红了滔滔的黄浦江……

归途中，田汉告诉徐悲鸿，他正在积极恢复“上海艺术大学”，希望徐悲鸿支持他。

“当然，”徐悲鸿高兴地回答，“我一定尽力支持你。”

“上海艺大”是一所私立的艺术大学，设有美术、戏剧等系。校长是曾在日本留学、学油画的周勤豪先生。由于经费困难，学校没法办下去，陷于瘫痪状态，周校长也离开了学校。田汉在“上海艺大”担任外国文学教授，他仍竭力在设法恢复“艺大”。当时，“艺大”的教师和学生都有浓郁的爱国思想。

“悲鸿，”田汉热情洋溢地说，“从今天起，你就算‘上海艺大’的校董，怎么样？”

“当然同意！”徐悲鸿爽朗地笑道：“寿昌，我们在艺术上的主张和目标都是一致的，今后就应当不分彼此，互相支持。”

“是呀！”田汉大声说：“就让‘上海艺大’作为我们推行现实主义教育的一块坚强阵地

吧！”

“对！寿昌，为了复兴中国美术，必须清除那些乌烟瘴气、不健康的东西，这是落在我们肩上的责任……”

这两个好朋友边走边谈，好像有说不完的话似的。他们的眼睛里闪着炙热的火焰，仿佛要照亮脚下的道路，也好像要在中国文艺界点起一把熊熊燃烧的大火来。

十八 “二徐之争”

上世纪二三十年代，中国画坛上有一场著名的艺术论战，即所谓“二徐之争”。一徐是徐悲鸿，二徐是徐志摩。一个画家，一个诗人，这两人怎么会发生画坛上的争执呢?

说到徐志摩，人们都很熟悉，他是民国时期非常有影响的诗歌流派——新月派的代表诗人。他和张幼仪、林徽因、陆小曼的情感纠葛至今时时被人们提起。他的《再别康桥》脍炙人口，广泛流传：“轻轻的我走了，正如我轻轻的来；我轻轻地招手，作别西天的云彩……”

1929年，徐悲鸿从欧洲回国后不久，国民党政府教育部举办了第一届全国美术展览会，展览会常务委员有徐悲鸿、王一亭、李毅士、林风眠、刘海

粟、江小鹈、徐志摩。徐志摩还负责编辑出版《美展》会刊。就是在这次美展期间，徐悲鸿和徐志摩这两个朋友却展开了一场针锋相对的争论，论争的焦点是如何看待西方印象派和野兽派绘画。这是中国西画发展史上第一次公开的不同艺术观点之间的论争，对当时的中国美术界产生了深远的影响，也在一定程度上活跃了美术界的研究氛围，标志着中国西画运动从创作到理论进入了一个新的阶段。这场论争奠定了中国西画向多元化发展的基础，以后诸多艺术观点和主张，都可以在这场论争中找到端绪。

这场论争的起因是，因为在这次美展中存在着受西方现代派艺术影响的某类西画作品，时任中央大学艺术系主任的徐悲鸿拒绝出作品参展，并在徐志摩负责编辑的《美展》第五期上发表了一篇题为《惑》的文章，副题是“致徐志摩公开信”，文章开头便直截了当地说：

> 中国有破天荒之美术展览会，可云可喜，值得称贺。而最可称贺者，乃在

无塞尚Cezanne、马蒂斯Matisse、博纳尔Bonnard等无耻之作。

徐悲鸿在文中肯定了一批法国画家，如普鲁东、安格尔、达仰、柯罗、米勒、莫奈、杜米埃、德加等，却以“庸”、“俗”、“浮”、“劣”等字眼否定了马奈、雷诺阿、塞尚、马蒂斯等人，认为法国现代派画家中“最脍炙人口之美术家，多带几分商业性质”。徐悲鸿声言，如果政府购入他们的作品，他即“披发入山”，决不与此类人为伍。他说：

若我国革命政府启其天踪之谋，伟大之计，高瞻远瞩，竟抽烟赌杂税一千万元，成立一大规模之美术馆，而收罗三五千元一幅之塞尚、马蒂斯之画十大间（彼等之画一小时可作两幅），为民脂民膏计，未见得就好过买来路货之吗啡海洛因。在我徐悲鸿个人，却将披发入山，不愿再见此类卑鄙昏聩黑暗

堕落也。

在文章的最后，徐悲鸿写道：

志摩兄，承再三眷念，感激万分。顾百花开放，难以同时，比来意兴都尽，其不参与盛会，并无恶意。

在徐悲鸿发表《惑》的同一期《美展》上，还发表了徐志摩回徐悲鸿的《我也惑》一文，副题是“与徐悲鸿先生书”，他极力为塞尚的艺术辩护。

徐志摩在文章中首先肯定了徐悲鸿“不轻阿附”的气节和坦率的性格。他说：“你爱，你就热烈的爱，你恨，你也热烈的恨，崇拜时你纳头，愤慨时你破口。”接下来，徐志摩直言不讳地指出徐悲鸿对塞尚和马蒂斯的谩骂过于言重，并把这种谩骂比之于罗斯金骂惠斯勒。徐志摩认为，塞尚、马蒂斯的画风被中国画家所效仿，“那是个必然的倾向，固无可喜悦，抱憾却亦无须”。

徐志摩在文中这样写道：

悲鸿，在你的大文里开头就呼斥塞尚与马蒂斯的作品“无耻”。另有一次，你把塞尚比作“乡下人的茅厕”，对比你的尊师达仰先生的“大华饭店”。在你大文的末尾，你又把他们的恶影响此类“来路货之吗啡海洛因”；如果将来我们的美术馆专事收罗他们一类的作品，你“个人却将披发入山，不愿再见此卑鄙昏聩黑暗堕落也”，这不过于严重吗？严正不苟的悲鸿先生？

与徐悲鸿极力地讽刺挖苦塞尚相反，徐志摩对塞尚则推崇备至，他认为塞尚在现代绘画艺术上的影响完全可以与罗丹在雕塑艺术上的影响相提并论，他认为塞尚是一个性格孤高、耿介淡泊的人，而不是像徐悲鸿所说的“庸俗”、“卑鄙”。在《我也惑》一文中，徐志摩谈到塞尚对艺术执著探索的艰苦历程，他说：

塞尚在现代画术上正如罗丹在塑术

上的影响，早已是不可磨灭、不容否认的事实，他个人艺术的评价亦已然渐次的确定——却不料在这年上，在中国，尤其是你的见解，悲鸿，还发见到1895年以前巴黎市上的回声，我如何能不诧异，如何能不惑？

话再说回头，假如你只说你不喜欢，甚而厌恶塞尚以及他的同流的作品，那是声明你的品位、个人好恶，我决没有话说。但你却指斥他“无耻”、“卑鄙”、“商业的”，我为古人辩诬，为艺术批评争身价，不能不告罪饶舌。如其在艺术界也有殉道的志士，塞尚当然是一个。如其近代有名的画家中有到死卖不到钱的，同时金钱的计算从不羼入他纯艺术的努力的人，塞尚当然是一个。如其近代画史上有性格孤高，耿介淡泊，完全遗世独立，终身的志愿但求实现他个人独到的一个“境界”这样的一个人，塞尚当然是一个。换一句话说，如其近代画史上有“无耻”、“卑鄙”一类字眼最应用不上的一个人，塞尚是那一个人。

徐志摩的这篇《我也惑》在《美展》上连载了两期。在徐悲鸿和徐志摩进行争论的时候，油画家李毅士站在一个中立者的立场上，以《我不惑》为题在《美展》第八期上撰文表达了自己的见解。这个李毅士很多人不熟悉，但是他的叔父李嘉宝，曾经以一部辛辣老练的《官场现形记》被载入文学史册。李毅士说：“悲鸿先生的态度，是真正艺术家的态度，换一句话说，是主观的态度。志摩先生的言论，是评论家的口气，把主观抛开了讲话”。在分析完二人的观点后，李毅士亮明了自己的态度，他说：“凭我主观说，我是极端赞同悲鸿先生的态度”。李毅士说自己研究了二十多年洋画，对塞尚、马蒂斯的画却实在看不懂，“假若我的儿子要学他们的画风，我简直要把他重重地打一顿”。虽然李毅士也承认塞尚马蒂斯的作品是“十二分诚实的天性流露”，但是他以社会效果为衡量艺术价值

的标准反对他们的画风在中国流行，担心他们可能“种下不利于社会的种子”。他说：“如果塞尚和马蒂斯一类的作品在中国有了代价，那么我知道希腊、罗马的古风是再也不会攒入中国的艺术界来。欧洲几百年来的文明，在中国再也没有地位了。”最后，李毅士提出了自己的看法，他认为可以等到“欧洲数百年来艺术的根基多少融化了，再把那触目的作风，如塞尚、马蒂斯一类的作品输入中国来”。

针对徐志摩的批评，以“独持偏见，一意孤行”为座右铭的徐悲鸿，又在《美展》第九期和增刊上发表同一题目文章《惑之不解》予以反驳。他认为徐志摩之所以竭力为塞尚辩护是“激于侠情的义愤”，因为塞尚“奋励一生……含垢忍辱，实能博得人深厚之同情”。他接着提出自己的写实主张是“细心体会造物，精密观察之，不必先有什么主义，横亘胸中，使为目障”。他认为：“艺Art Plastignt之元素，为form，色次之”，“形既不存，何云艺乎？”

由此可见，徐悲鸿的矛头仅仅是指向塞尚的，而不是徐志摩，他认为是塞尚“欺骗”或“蒙蔽”了徐志摩。虽然他们是论敌，但是我们从“侠情的义愤”这个颇高的评价里面，可以看出徐悲鸿是欣赏徐志摩的，二人骨子里还是惺惺相惜的朋友，只不过是因为对塞尚的艺术理解上的偏差，导致了二人此次的论争，因此这是一场纯粹的艺术争论。徐志摩在《我也惑》第一段末尾用一种闲笔的口吻写道：“说到这里，我可以想见碧微嫂或者要微笑地插科：真对，他是一个书呆！”从这种家常式的玩笑，我们可以看出二人在日常生活中的交往。

“二徐”这场争论的产生，有着纷繁复杂的社会文化背景，这一时期流行的洋画运动和自由主义艺术思潮等因素，都使得这场争论的产生在所难免。

上世纪二三十年代，随着出国留学的绘画先驱们的陆续归国，国内美术学校纷立，画会蜂起，西画创作队伍日益壮大，西方各艺术流派在中国流行开来。画家们进行了种种尝试和探索，题材内容和表现手法丰富多样。这些西画家们，或是受师承关系的影响，或是出于个人的审美倾向，逐渐形成

两大主要阵营：一是写实派，这派画家严肃认真，力求真实地摹写自然，如物体轮廓的比例、色调的明暗、人体肌肉的解剖等，丝毫都不敢苟且；另外一派则是现代派，这一派受西方现代艺术的影响较大，艺术主张不完全一致，他们的画风有的接近印象派，有的接近后印象派，更有一些艺术青年，以火一样的热情，幻想着新奇，以野兽主义标榜，模仿马蒂斯、弗里茨、德朗的画风。可惜他们缺乏严格的训练，狂热和激情还会不时地淹没他们的鉴别力，仅仅停留在表面的抄袭上。当时，人们对西画界出现的这种现代艺术倾向颇为感慨："青年思想之复杂，无过于今日之我国者，正如流水冲激，万马横奔，操纵于其中者，不能执于一定准则"，"画家之思情与感情萦绕时新之创作精神，不受以前之一切羁绊，乃焕然而各放其异彩。"因此，"二徐之争"也可以理解为一场写实主义和现代主义之争。

在《美展》第二期上，徐志摩著文《想象的舆论》，对当时画坛上出现的美术革命发表了见解，这和他对塞尚、马蒂斯的认识是一致的。他认为：

凡事一经大变动，往往陷入一种昏迷的状态，你得容他一个相当时期等他苏醒过来，然后看创建有否一种新气象、新来的精力表现。说这时代是革命的或革命性的当然是没有错，但如果我们以此就认为这时代已经完成一个或几个阶段，因而期望甚而责成它在艺术里应有某程度的反映，那我们这前提就不对，结论当然是错。

在《我也惑》一文中，徐志摩还谈到了技巧与艺术的关系：“技巧有它的地位，知识也有它的用处，但单凭任何高深的技巧与知识，一个作家不能造作出你我可以承认的纯艺术的作品”，真正的美术家应当“凭着绘画的或塑造的形象表现他独自感受到的某种灵性的经验”，“我们不该因为一张画或一尊像技术的外相的粗糙或生硬而忽略了它所表现的生命与气魄。这且如此，何况有时作品的外相的生硬或粗糙正是它独具的性格的表现。”这些独到的艺术见解表明徐志摩是站在艺术本体的层次上评价艺术。当然，徐志摩的“艺术批评是独立的，不容纳道德的观念”这种主张，带有了一种“为艺术而艺术”的味道。

徐志摩对技巧与艺术关系的看法，与画家刘海粟的观点非常相近。刘海粟非常崇尚西方的梵·高、塞尚、马蒂斯等人，他一贯主张艺术不可拿理智去分析，认为“若还拿理智来分析研究，那必使艺术变作技巧化，将艺术的价值、艺术的趣味降低或者根本推翻”。

“形既不存，何云艺乎。”这是徐悲鸿一以贯之的艺术主张，他强调“素描是一切造型艺术的基础”。他把塞尚、马蒂斯的画和中国四王的山水画一概称为“人造自来派”，并说塞尚是“愿力极强，而感觉才力短绌之人”，这里的“才力”所指，大概就是徐悲鸿所要求的写实能力吧。

徐悲鸿之所以力倡写实主义，与他改良国画的初衷有关。面对近代中国画坛的衰败景象和陈陈相因的恶习，受康有为的影响，早在赴法留学之前，徐悲鸿就立志改良中国画。留学欧洲八年，使徐悲鸿认定了以写实主义作为改良中国画的目标，而且义无反顾。在《惑》这篇文章中，他以写实的标准评价了一些中国历代画家，推出了他认为是大师的徐熙、黄荃、易元吉、钱舜举、任伯年，却对四王和吴昌硕大加贬词。在他看来，四王的画“毫无真气”，吴昌硕则是画坛的“外行”，因为吴昌硕主张“画气不画形”。在《惑之不解》这篇文章中，徐悲鸿主张艺术应真实表现对象，才能给人以美感，否则“不能定真伪”。他还“深恶痛绝院体式之美术”，认为它们也是“伪”的，他坚决反对“以伪别伪”的欺世盗名，他认为形式主义绘画是一种倒退。

画家李毅士明确表示极端赞同徐悲鸿的观点，同样也是“真正艺术家的态度”，因为他担心现代主义流行太广太快，会使那些没有绘画基础的人“鱼目混珠”，在青年中造成不良的影响。李毅士早年留学英国，初习绘画，继学理工，画风也是属于写实一派，“画体很规矩，非任意涂写者可比。”他的担心未免有些“杞人忧天”的味道，由

此而提出的主张也显得有些过于天真。对于西方现代派艺术，需要引入哪些，自然是仁者见仁、智者见智，若想以单纯的写实技巧排斥现代风格，却不合情理，也不合时宜，何况当时中国的艺术家中有眼光能力的大有人在，并非都是只知模仿的低能者。

“二徐之争”虽然没有继续进行下去，但是这场争论中所涉及的各种艺术观念、绘画流派之间的冲突却延续了下来，此后的中国美术界重写实与重表现、尊古典与崇现代的交锋时有出现。这场争论结束后，在上世纪二三十年代曾经一展风采的现代派美术，并没有获得持久深入的发展，因为正在青年艺术家们对现代艺术的探索热情不断高涨之时，便爆发了抗日战争，现代派在彼时的中国因不合时宜而遭到一批有识之士的批判和抵制。而徐悲鸿所倡导的写实主义却盛行不衰，他把写实主义作为自己的艺术坐标，并且引进了一整套学院式美术教育，在中国画改良方面，冲击了乾嘉以来中国画坛陈陈相因的积习，由面对古人转向面对自然，由临摹转向写生，这无论从观念上还是从成就上来讲，都具有划时代的意义。

在这场争论中，虽然两位艺术家各执己见，剑拔弩张，却都是停留在学术层面，没有涉及私人恩怨，更没有发展到人身攻击的地步。徐志摩曾经留学欧美，耳闻目睹了潮起潮落的西方诸流派艺术的流变，深谙艺术史。作为新月派诗人，徐志摩也涉足美术评论。他对塞尚的经历和人格阐述是比较公允客观的，他对徐悲鸿的批评也是中肯的。我们需要这种正常的学术之争，因为它可以探讨出真理，可以促进艺术的进步。无论徐悲鸿、徐志摩、李毅士三人的观点偏颇与否，他们对待学术问题严肃认真的态度都值得尊重，这也是我们回顾这场论争应该得到的一个启示。

“二徐之争”是一场在朋友之间进行的一场友好而激烈、直率而又针锋相对的论争。这次论争后不久，徐志摩为自己的夫人陆小曼写了一篇优美的散文《猫》，并发表在报纸上。时间不长，徐悲鸿就画了一幅《猫》送给徐志摩。徐悲鸿这幅《猫》，笔墨非常细腻，猫的神态以及梅花都画得很精妙，可见徐悲鸿是格外用了心。不仅是画得用

心，而且在题款上徐悲鸿更是花费了一番心思。题款起笔便是：“志摩多所恋爱，今乃及猫。”

我们知道，徐志摩前前后后与几位才女有过情感纠葛，在朋友圈中也不是什么秘密，尤其是徐志摩与林徽因的恋爱更是一段文坛佳话。徐悲鸿想必也很清楚，又正赶上徐志摩为陆小曼写了这篇美文《猫》，所以徐悲鸿借猫说人先开了个玩笑。接着又写：“鄙人写邻家黑白猫与之，而去其爪，自夸其于友道忠也。”徐悲鸿是说，我画了一只邻家的大花猫，去掉爪子，是说我不再与你争论了，不伤害你了，向徐志摩表示友好。

徐悲鸿所说的“于友道忠”是有典故的。近代传奇军事家蒋百里和徐志摩是好朋友，他与胡适、徐志摩一起创建“新月社”，1925年徐志摩为陆小曼从北京来到上海，吃住就在蒋百里家。后来蒋百里受唐生智起兵事件牵连入狱，徐志摩二话没说扛上行李就赶到南京陪蒋百里坐牢，所以“随百里先生坐牢”在当时成了一件众人传说的时髦事。徐悲鸿说自己“于友道忠”，又是借徐志摩自己发生的事，与他开了一个玩笑。两人的友谊和私交由此可见一斑。

徐悲鸿和徐志摩这两个画坛和文坛的大才子，敢爱敢恨敢说敢做，在“惑”之论战偃旗息鼓之后，一个在绘画领域，一个在诗歌领域，两人各自朝着心目中的缪斯女神一路飞奔而去，并在艺术的殿堂里永远地铭刻上了自己的名字。

结语　徐悲鸿和他的学生们

徐悲鸿一生不仅酷爱画马，而且他喜马，爱马，也懂马，他还是中国画坛上善于发现千里马的伯乐和九方皋。徐悲鸿对中国画坛的贡献不仅在绘画技巧上，他在绘画人才的培养和扶植方面所做的努力，更是被人们所津津乐道。他是当之无愧的中国现代美术界的领袖人物。

徐悲鸿留洋归国后，在田汉的上海艺大南国艺术学院任教。有一天，黄警顽带着一个瘦削的青年人来见徐悲鸿。简单的寒暄过后，这个青年人很局促地把自己带来的画打开请徐先生指导。一开始徐悲鸿并没有特别在意，但是当他看到这个青年人的水墨人物画时，马上兴奋起来，他问："这些都是你画的吗？"

◎蒋兆和

年轻人点点头。徐悲鸿又问："你叫什么名字？"

"蒋兆和。"这一刻遂成为蒋兆和人生的转折点。

蒋兆和16岁这年，从家乡四川泸州到上海打工。他凭着自己从小练就的画炭画像的本事，为百货公司画广告，业余时间则借鉴西方美术技法尝试中国画创作。因为未曾受到专业美术教育，所以当他拿着自己的画来见大画家徐悲鸿的时候，心里诚惶诚恐。没想到，徐悲鸿看到蒋兆和的画之后非常欣赏，认为他的水墨人物造型准确，笔墨自如，大有相见恨晚之意。

这次见面后，徐悲鸿便让蒋兆和住进了自己的画室，一住就是两年多时间，然后又让他在家中住了数月。此时，徐悲鸿的艺术观念和创作能力都已入佳境，自学成才的蒋兆和有机会如此近距离地认真地观摩徐悲鸿创作，并饱览了徐悲鸿收藏的古今中外名画，两人还经常秉烛长谈，讨论中国画发展的前景。在徐悲鸿这位良师益友的指导下，蒋兆和逐渐去掉了画广告画的艳俗之气，开始直面现实生活，逐渐形成了自己的艺术思想，坚定了现实主义的创作方向。

1928年，徐悲鸿推荐蒋兆和到南京中央大学艺术系任教。第二年，25岁的蒋兆和参加了全国第一届全国美展，脱颖而出。蒋兆和的画风深得齐白石大师的赞扬。白石老人说：“兆和先生为吾友悲鸿君善，尝闻悲鸿称其画，今始得见所做人物，能用中国画笔加入外国法内，此为中外特见，予甚佩之。”

后来，蒋兆和先生果然成为20世纪中国画坛的一位巨匠，是中国现代水墨人物画的开山鼻祖，为中国水墨人物画由古至今的转换，为水墨人物画多元化发展作出了巨大的贡献。

在南国艺术学院，有一个学生叫吴作人，他是徐悲鸿最得意的一个学生。

当年，就在田汉力图恢复上海艺术大学的时候，这个来自苏州，打算学建筑的年轻学生，看到上海艺术大学的招生广告，见到校董的名单有徐悲鸿的名字，由于仰慕徐悲鸿，便去报考了“艺大”美术系。开学后，学校仍处于瘫痪状态，一直没有教师来上课。学生们便自己在教室里对着石膏像画素描。吴作人当时还不知道怎样用碳条，怎样勾轮廓，看到别的同学用碳条画，他才学着用。一个多月过去了，忽然有一天，听说徐悲鸿要到“艺大”来讲演，他和同学们都很激动。

讲演完毕后，徐悲鸿便到教室里去看各班学生的成绩。田汉陪着他从高年级教室走到低年级教室，徐悲鸿依次地仔细观看了每一个学生的习作。他忽然在一年级教室里的一张素描习作前停住了，虽然画得还很幼稚，但看得出这个学生用笔灵巧而准确。徐悲鸿抬起他那双锐利的眼睛，向围在他身边的一些学生中搜寻：

“这是谁画的？”他见没人回答，又大声问，“谁叫吴作人？”

一个19岁的年轻人，悄悄地，几乎是羞涩地从人群后面走到徐悲鸿面前。他有高高的瘦削的身材，腼腆的脸上现出紧张的神情：“是我，我叫吴作人。”

徐悲鸿夸奖了他，并将自己家的地址写给他，叫他星期天到家里去。从此，吴作人便在徐悲鸿精心的培育下，迅速地成长起来，如同一颗丰硕的种子，植根于肥沃的土壤中，畅饮着阳光

◎吴作人

和雨露。上海艺术大学遭到封闭后，吴作人便转学到了南国艺术学院，后又随徐悲鸿到中央大学艺术系作旁听生，更多地受到徐悲鸿的教诲。

没过多久，在艺术系旁听的吴作人遭到了学

校当局的驱逐，原因是他接触了一些“左”派人物，学校怀疑他有不轨活动。

吴作人十分焦急地来找徐悲鸿：“徐先生，中央大学已经明令赶我们走，事情无可挽回，怎么办呢？”

徐悲鸿非常气愤地说：“真是岂有此理！”他思索了一会儿，坚决地说，“你到法国去，到巴黎去学画。”

吴作人幼年丧父，依靠孤苦伶仃的母亲和长兄维持一家数口的生活。在国内求学已不宽裕，如何能到外国去求学呢？这是他连想也不敢想的事啊！他茫然地看着面前的老师。

徐悲鸿看出这个家境贫寒的青年的心事，安慰他说：“我会替你想办法的，先到了巴黎再说，反正不会饿死。”

在为吴作人申请出国留学的护照时，由于国民党教育部规定必须有大学毕业的文凭，徐悲鸿只好叫吴作人去找他的老师田汉设法。田汉笑呵呵地说：“这容易。”他伸手打开橱柜，从那一叠空白的南国艺术学院的毕业文凭中随便抽出一张，填上了吴作人的名字。后来，徐悲鸿又替吴作人买到一张价格便宜的水手票，他从上海搭上一艘海轮启程赴法。

来到法国后，天资聪敏的吴作人，虽然考入了徐悲鸿当年就读的学校——国立巴黎高等美术学校，但是生活十分贫困。在资本主义社会里，贫穷是备受歧视的。因此，每逢学校里的食堂开饭时，吴作人不敢立即走进去，总是等待那些佳馔都已卖完，食堂里杯盘狼藉，剩下零零落落的几个人时，他才低着头走进去，买一盘仅有的土豆，聊以充饥。渐渐地，他连买土豆的钱也发生困难了，不得不写信向老师徐悲鸿求援。徐悲鸿立即托人设法，为吴作人在比利时皇家美术学院取得了奖学金。于是，吴作人由巴黎转到布鲁塞尔继续学习。他没有辜负徐悲鸿的苦心栽培，以第一名的优异成绩在比利时皇家美术学院毕业。回国后，他先后担任中央大学艺术系教授，北京艺专教务长，中央美术学院院长、名誉院长，继承徐悲鸿的主张，为祖国美术事业倾心尽力。

这一年，南京的夏天酷热难耐，火一样的太阳高高地挂在明净无云的天空上，炙烤着人们。燥热的风阵阵吹来，使路旁的尘土漫天飞扬。

正在徐悲鸿筹划着如何度过暑假的时候，在福州担任教育厅长的黄孟圭先生来信邀请他去福州作画。于是，徐悲鸿在他的学生王临乙照料下，乘轮船经台湾海峡，来到福建省省会福州。

老朋友相见，分外亲热，互相畅叙着新加坡分手以后各自的经历。为了叙谈方便，黄孟圭安排徐悲鸿住在福建省教育厅内。一住下来，黄孟圭便提出，请他作一幅《蔡公时》的油画。黄孟圭告诉徐悲鸿，蔡公时是福州人。1926年北伐军为了推翻帝国主义和封建军阀在中国的统治，将革命推向全国，分三路向北进军。在节节胜利中，日本帝国主义竟在济南制造混乱，企图阻挠。蔡公时是外交特派员，挺身而出，与日方交涉，不幸被日本军阀逮捕杀害。当时，引起我国人民强烈的愤怒和抗议，在我国历史上称为“五卅惨案”。

烈士的英雄行为深深感动着徐悲鸿。他塑造了蔡公时烈士威武地站在日军面前，大义凛然，临危不惧，具有民族气节的光辉形象。这幅大油画从那时起，便陈列在福建省教育厅，可惜抗日战争爆发后下落不明。《蔡公时》刚刚画完，福建省教育厅便询问徐悲鸿，应付多少稿酬？徐悲鸿立即表示，他本人不希望得到稿酬，只愿福建省能给一个留学生名额，派他的一名优秀学生去法国学习油画。这个要求立刻得到了满足。

于是，徐悲鸿立即写信给中央大学艺术系的学生吕斯百，决定将这个名额给他，要他做好准备。

身材瘦削、资质聪颖、在班上成绩出众的吕斯百，收到这封意外的信后，心里很不平静，既惊喜，又忧虑。他欣喜这突如其来的幸运，但是名额只有一个，而他和王临乙是同班同学，两人的成绩不相上下。他再三考虑，觉得应该让王临乙去，何况王临乙当时还正在福州，就在徐悲鸿老师的身边。他回信给徐悲鸿，把自己的这些想法都写在信上。

徐悲鸿接到吕斯百的信后，沉吟、思索了很久，究竟让谁去呢？一时难以决定。一天，他把

这封信拿给黄孟圭先生看，以征求意见。黄孟圭先生看到信后，大受感动，毅然决定给两个名额，让两个人都去法国留学。

徐悲鸿感激万分，于是让吕斯百学油画，让王临乙学雕塑，赴法深造。他们在巴黎都很努力，成绩斐然。后来，学成归国，吕斯百成为著名的油画家，曾长期担任中央大学艺术系教授兼系主任。王临乙成为著名的雕塑家，长期担任国立艺专教授、中央美术学院教授和雕塑系主任。两人都尽瘁于美术教育事业，为祖国培育了不少英才。

1931年，徐悲鸿利用暑假之便，去了一趟南昌。他一到南昌，当地报纸就报道了他的行踪。这一来，找他的人便络绎不绝，其中多数是热爱美术的青年，来向他求教。

当时，著名画家傅抱石还处于困境，失业在家。有一天晚上，他正守着昏暗的煤油灯，潜心作画，忽然，有人用拳头重重地捶打他家的大门。他惊慌起来，不知道发生了什么事。接着，他听到一个熟悉的声音："抱石！抱石！快开门！你快开门呀！"

这是他的一位好朋友的声音，傅抱石急忙起身打开大门。他的好友气喘吁吁地说："徐悲鸿大师到南昌来了，你赶快去见他呀！或许能对你有帮助……"

第二天清晨，傅抱石夹着自己的画，匆匆地赶到徐悲鸿住宿的旅店，但那里已座无虚席了。轮到徐悲鸿接待他时，后面又来了许多人。徐悲鸿匆匆地看过他的画，便请他将画留下，并让他晚上再来。

傅抱石回到家里，他的妻子急切地问："见到徐悲鸿了吗？"

"见到了。"

"他对你说了一些什么话？"

"他叫我把画留下，还要我晚上再去。"

"呵！"他妻子眼睛里露出希望的光芒，"是不是徐悲鸿看出了你的才能呢？"

"不知道。"

"那么，他对别人说了同样的话吗？"

“好像没有。”傅抱石想了一想说。

这位跟傅抱石甘苦与共而从无怨言的罗时慧夫人，立即高兴地笑了。

当天晚上，傅抱石来到徐悲鸿的住处。徐悲鸿和他促膝交谈，就像对待一位老朋友一般。傅抱石那横溢的才华使徐悲鸿感到惊异。

“你没有进过学校，也没有拜过老师，那你是怎样学画的呢？”徐悲鸿微笑着问。

曾经当过学徒、做过制伞工人、也当过小学教师的傅抱石，眼睛里流露出深沉的目光。他直视着对面的墙壁，仿佛少年时代的往事，忽然一股脑地拥到了眼前。他缓缓地轻声叙述起来：“小时候，我住家的那条街上有个裱画铺子，经常裱些名人字画，如石涛、石谿的画就很多。我常到那家裱画铺去看画，仔细地在心里摹写、默记，学他们的技法，然后用到我自己的写生稿上。久而久之，和店铺老板熟悉了，有了交情，他们便让我去临摹……”

“你常去写生吗？”

“常去。我很爱山川的美，观察和描绘它们在阴晴晦暗中的变化，是我的乐事。”开始还有点拘谨的傅抱石，越谈越轻松起来。

“那么，你是怎样读书的呢？”徐悲鸿指着他带来的那一堆文稿说，“你从什么地方获得这样丰富的资料？”

“哦，这也是在我家附近的一条街上。那里有个旧书店，我常去站读，久而久之，店主人见我用功，动了同情之心，让我上楼，到他的书库里去。这样我就读到大量金石书画著作。”

徐悲鸿陷入沉思，他深深地感动了。从傅抱石的身上，他看见了自己的影子。这是一个苦学而有才华的人，但是贫穷失业，几乎使他陷于绝境。这是一块埋没在沙砾中的闪闪发光的金子啊！一定要发掘它，让它发出灿烂的光彩！徐悲鸿站起来，恳切而热情地对傅抱石说：“我希望看到你更多的作品，明天我到你家登门拜访！”

傅抱石回到家中，把这一切都告诉了妻子。妻子一下子激动不安起来，立即开始打扫他们仅有的那间狭窄的屋子。她要使这间既作画室、又作卧室的屋子变得窗明几净，将它多年来蒙受的

尘垢都清除出去。“也许，我们从此就交了好运呢！”她一面打扫，一面快乐地在心里想。

第二天，她猛然想起了什么：“哎呀，我穿什么衣服呀？”她看着自己身上打了补丁的蓝布衣衫，有点难为情地说。

“没有关系，你就穿这身衣服。”傅抱石望着妻子，想起她多年来和自己共贫苦，同患难，从来没有埋怨过一句，而自己却没有能力让妻子穿一件不带补丁的衣服，心中十分惭愧，只得强作笑颜安慰她。

“但是，人家是大师啊，我能穿这样打补丁的衣服吗？”妻子惶惑地问。

这时，忽然传来了“咚咚”的敲门声。“哎呀，徐悲鸿先生来了！”罗时慧一面说，一面急急忙忙地躲进墙根的那只大木柜里。这只陈旧的大木柜，原来装着傅抱石的许多画，今天通通拿出来，准备请徐悲鸿一一过目，里面就成了空的。

徐悲鸿匆匆走进了屋，没有坐下，也没有喝一口茶，便说：“先看画吧！”他迫不及待地打开傅抱石那一堆一堆的画。这些难以计数的画，无声地诉说着傅抱石曾经下过多少的苦功。

“一点也不错，天才出于勤奋，这是颠扑不破的真理。”徐悲鸿一面欣赏和品评那些笔墨狂狷奔放的作品，一面心里这样想。

罗时慧从大木柜的缝隙里悄悄往外瞧，只见徐悲鸿大师穿着一件白色的夏布长袍，长袍的肩胛上好像也打了一个补丁，而且他的谈吐多么谦和、平易近人。这时，她听见徐悲鸿大师问抱石：“尊夫人不在家吗？”

“哦，哦……”傅抱石有点结结巴巴地说不下去。

罗时慧赶紧趁徐悲鸿低头看画时，踮着脚尖从柜子里轻轻走出来。

“她，她在这里。”傅抱石腼腆地向徐悲鸿介绍说，“这就是内人。”

一阵寒暄之后，他们继续看画。一张、两张、三张……十张、五十张、一百张、二百张……已经到吃午饭的时间了，拿什么来款待这位贵客呢？丰盛的酒席办不起，有什么吃什么未

免太失礼，对不起徐悲鸿大师。罗时慧心中暗暗着急。她挽起竹篮，走到街上，买回了一些小笼包子和玫瑰饼。

“徐先生，请你不要见笑，寒舍简陋，招待不周。”罗时慧有些不好意思地说。傅抱石脸上也浮现出一片异常抱歉的神色。

但是，徐悲鸿却快活地叫起来：“呵！小笼包子，还有玫瑰饼，这简直是双倍的美味。”他一边愉快地吃着，一边赞不绝口，他显然是想减轻主人负疚的心情，故意增添大家的兴致。

饭后，罗时慧研墨，求徐悲鸿作画。

“夫人，你要我画什么呢？你点题吧！”徐悲鸿问罗时慧。

罗时慧不假思索地回答：“给我画张鸭子吧！”

徐悲鸿欣然答应，罗时慧心里格外高兴。她多少次想买只鸭子，给过于劳累、营养不良的傅抱石补养一下身体，但拮据的生活，使这个愿望久未实现。古人说，画饼充饥。那么，今天权且画鸭充补吧！罗时慧一面看徐悲鸿画，一面快乐地在心里这么想。

徐悲鸿挥动他那枝墨汁淋漓的画笔，转瞬之间，一只张开翅膀的鸭子便出现在纸上，它异常生动，仿佛要破纸飞走似的。徐悲鸿又用淡墨画了几枝芦苇。然后，写上“时慧夫人清正”。

“多么谦虚的大师！”罗时慧想，“还请我清正呐！”她将这幅画挂在墙上，和傅抱石一起欣赏了很久。半夜，她又起床，担心灰尘落在画上，悄悄收起，放入木柜中。

第二天清晨，傅抱石按习惯早早起床用功。发现墙上那张鸭子竟不见了，心里很纳闷，问夫人罗时慧：“昨夜睡觉时，我见它还挂着，怎么今天一早就不见了呢？”

罗时慧心中暗暗好笑，便说：“古人有画龙点睛，龙破壁飞走的事，那只鸭子也可能是破纸飞走了吧！”

“真有这样的事？太可惜了！太可惜了！”傅抱石满脸现出遗憾的神情。

“你这个书呆子呀！”罗时慧扑哧一笑，“是我将它收在柜子里了！”

夫妻俩忍不住快乐地相视而笑。人们常说，贫贱夫妻百事哀。可是，他们这一对贫贱夫妻却是这样互相体贴，互相安慰，充满了生活的情趣。

从傅抱石家中出来，徐悲鸿直趋江西省主席熊式辉的官邸。奔走于权贵之门，对徐悲鸿来说，当然不是一件愉快的事。但是，为了替傅抱石的前途筹划，他不得不这样。递进了名片后，徐悲鸿被请进了那宽大的客厅。熊式辉彬彬有礼地接待了他。

“徐先生，你这次来到本省，本主席感到十分荣幸！”熊式辉客气地说。

“熊主席，”徐悲鸿开门见山地说，“我来拜访你，是因为我发现了你们江西省的一个人才。”

“什么人才？”熊式辉急切地问。

“画家傅抱石！”

“傅抱石？没有听说过。”熊式辉摇了摇头，疑惑地问，“他现在做什么？”

“他正失业，但是，他很有才华和功力……”

“徐先生的意思是想给他找个职业吧？”熊式辉打断了徐悲鸿的话。

“不。我想，你们江西省应当培养他，把他送到国外去留学，比如说，送到日本去，让他扩大眼界，接触世界艺术……”

熊式辉面露难色：“这件事可是不容易，留学名额太少、太少。”他加重语气说。

“但是，像傅抱石这样的人才就更少。熊主席，这是你们江西省的人才，一个极为难得的人才，将来会成为鼎鼎大名的画家，能对中国美术作出不平凡的贡献……”徐悲鸿滔滔不绝地说着，想引起熊式辉的重视。

然而，熊式辉没有表态，却把话题引开了。他很客气地说：“悲鸿先生，久仰你的大名了，如果你不见外，明天请到舍间来用便饭，我这里备有纸笔，如果先生有兴挥毫，能赠我一幅奔马，我当珍若拱璧。”

“吃饭不必了，因为找我的人很多，时间很紧，画一定送上。”徐悲鸿一面在心中筹划，一面愉快地回答。

熊式辉显然非常高兴，满脸堆笑，亲自派车送徐悲鸿回旅馆。次日，徐悲鸿将带在身边的、一幅裱好了的奔马，派人送到熊府，并附一封信。内容是请熊式辉赠给傅抱石一千元，助他去日本留学。

熊式辉将画挂在墙上，眯细眼睛欣赏起来。他身边的一位幕僚说：“省长，这是一幅佳作呵！”

熊式辉脸上浮现出满意的微笑，安坐在扶手椅上，静静地欣赏着。忽然，他皱起了眉头，反复念着画上的那两句题词：“问汝健足果何用，为觅生莼竟日驰。”熊式辉当时正好跌伤了脚，走起路来有点瘸，“他这是什么意思？‘健足’不是挖苦我吗？”熊式辉的心拧成了一个疙瘩，愤愤地对他的那位幕僚说。

那位幕僚是颇懂书画的人：“不，徐悲鸿不会是这个意思，我看见他在另外的画上也题过这样的词句，这是他常用的题词，并非对省长写的。”

“哦，哦。”熊式辉这才释然。

于是，熊式辉也终于决定帮助傅抱石去日本留学。这对傅抱石后来的成就起了重大的作用。

徐悲鸿与小学生刘勃舒的故事是一则广为流传的画坛美谈。

1947年夏天的一个清晨，徐悲鸿和往常一样开始回复天南海北求教者的信件，一封署名为“南昌实验小学五年级学生刘勃舒”的信，引起了他的注意。刘勃舒在信中倾诉了自己对美术的酷爱、对大师的景仰，渴望能得到指教。信中还夹着两幅模仿徐悲鸿艺术风格的奔马。徐悲鸿发现刘勃舒的画作构图、造型和笔墨都已有一定的基础，虽然能挑出不少毛病，但已显出小作者过人的艺术才华。

当时，刘勃舒只有12岁。他喜爱画画，对动物画更是情有独钟，虽无名师指点，但凭着一股痴迷，在学校里已是很有名气的小画家了。美术老师曾对他说过，徐悲鸿是中国了不起的大画家，十分擅长画马。恰巧，他不久就在书店里看到了一本《徐悲鸿画册》，书中那一幅幅造型准

确、水墨淋漓、气势奔放的骏马，使他眼界大开，开始把兴趣转向画马，立志要画出像徐悲鸿笔下那样的骏马。家庭经济困难让他买不起这本画册，他就天天在课余时间到书店去看，将画册上的马用铅笔临在练习本上，回家后再用宣纸画出来。渐渐地，他画的马已有些徐悲鸿的韵味，师生们纷纷向他索画，他成天忙得不亦乐乎。徐悲鸿成为刘勃舒崇拜的偶像。

一天，刘勃舒突发奇想，要是自己的作品寄给徐悲鸿先生，请他指点一下该有多好啊！爸爸知道刘勃舒的想法后告诉他，徐悲鸿是名满天下的大画家，事务繁多，怎么会给一个小孩儿回信呢？劝他打消念头。刘勃舒也不管这些，决定无论怎样，都要先把信寄出去再说。于是，他精心绘制了两幅骏马，写了信，请语文老师帮助修改后，抄在练习本上，和两张画一块悄悄寄了出去。因怕别人知道了笑话，他连父母也没告诉。

是呀，一个小学生居然敢斗胆给举世闻名的画家寄去自己仿画的奔马，实在是有点太自不量力了。

令人没有想到的是，徐悲鸿看完信和画，深为刘勃舒小小年纪就有这样的绘画水平而高兴，并在其中一张画上题写了“有美丽之远景”几个字，落款“悲鸿”，还钤上了“江南贫侠”印章；又在另一张画上题写了“此画确有意味，悲鸿”，钤章“江南布衣”。

徐悲鸿还专门抽出半天时间写了回信：

勃舒小弟弟：

你的来信及作品使我感动。我的学生很多，今又在数千里之外得一颖异之小学生，真喜出望外。学画最好以“造化为师”，故写马必以马为师，画鸡即以鸡为师。细察其状貌、动作、神态，务扼其要，不尚琐细（如细写羽毛等末节），最简单的学法是用铅笔或炭条对镜自写，务极神似，以及父母、兄弟、姊妹、朋友。因写像最难，必须在幼年发挥本能，其余一切自可迎刃而解。我附寄你几张照片，聊备参考，不必学

我，真马较我所画之马，更可师法也。

我爱画动物。皆对实物用过极长时间的功，速写稿不下千幅，并学过马的解剖，熟悉马的骨架肌肉组织……你如此聪明，他日定有成就。但须立志，一定要成为世界第一流美术家，毋沾沾自喜渺小成功。你好好读完初中后即可应考国立北平艺专。假如三年后我仍掌北平艺专，我很希望你来校用功，那时候我必极愿亲自指点你。此时须努力文史、生物、算学、理化等普通课程，必要之常识不可忽也。

徐悲鸿像对一位朋友谈心似的，诚挚、亲切而又谦虚。写完信，徐悲鸿想到刘勃舒还是个小学生，唯恐读不懂，于是反复推敲，又觉得字迹有些潦草，便认真地抄写了一遍，而且还在不少自认为重要的地方画上了着重号。他又在一张纸上画了有关马的骨骼、关节、肌肉等各个部位起笔、转折和收笔的示意图，标上详细的文字说明。还找了一套图解他平时画马全过程的照片，一并挂号寄给了刘勃舒。

不久，信抵南昌，刘勃舒本来还有点不敢相信，待打开信，里面竟然真是徐悲鸿的亲笔回复，他立即手舞足蹈，大声嚷嚷着："大画家徐悲鸿给我回信了，大画家徐悲鸿给我回信了……"

这件事在师生中引起了不小的轰动，大家纷纷表示祝贺。冷静下来后，刘勃舒认真阅读徐悲鸿的来信，细细体会图解和指点文字，顿觉豁然开朗。他兴奋了好几天，决心不辜负徐悲鸿的厚爱，立志投身美术事业。他的父母都不知道该怎样培养喜爱美术的儿子，如今有了徐悲鸿的指教，他们都觉得儿子的命好，更对远在北平的大画家感激不已，慈祥的刘母还为此流下了热泪。

从此，刘勃舒经常通过书信向徐悲鸿请教，两人结下了深厚的忘年交。徐悲鸿体弱多病，又担负着教学、创作、学校管理等多重重任，还有很多社会活动要参加，但为了鼓励很有前途的刘勃舒，只要是刘勃舒来信，不管多忙多累，他总是有信必复、有问必答。

1950年，初中毕业的刘勃舒千里迢迢北上寻师。这时的北平已改名为北京，艺专也改名为中央美术学院，毛泽东亲自任命徐悲鸿为院长并题写了校名。刘勃舒出现在徐悲鸿家门口时，尽管二人从未见过面，每天来拜访徐悲鸿的人也很多，但听到刘勃舒的江西口音，再看看他的年纪，徐悲鸿立即热情地招呼道：“你是勃舒小弟吧？”心直口快的刘勃舒忙说：“我是刘勃舒，就是南昌那个画马的小学生。”徐悲鸿高兴得笑了，随即把刘勃舒安顿在自己家里住下。

刘勃舒过去只是凭着自己的爱好和兴趣画画，没有受过专门训练，对素描、写生和速写从没接触过。为了让刘勃舒顺利考上中央美院，徐悲鸿让美院二、三年级的学生教其相关的基础知识，他也千方百计抽出时间为其辅导，有时还带其出去写生，生活上他则让妻子廖静文给其无微不至的照顾，使其在北京有家的感觉。

在徐悲鸿的精心教导下，年仅16岁的刘勃舒以优异的成绩和扎实的绘画功底脱颖而出，如愿考上了中央美院国画系。刘勃舒入学后，每逢星期天，徐悲鸿都要把他叫到家里，一是为他改善伙食，更重要的是个别指导他作画。徐悲鸿还把自己平时秘不示人的很多写生稿拿出来给刘勃舒欣赏，画画时也经常让刘勃舒在一旁观看，或者有时让刘勃舒当面画几笔，然后从造型、结构和笔墨上细致分析、指点。一来二去，刘勃舒临徐悲鸿的马几可乱真。一些画贩子找到他，让他画马落款徐悲鸿，表示愿出高价收购，遭到他的严词拒绝。为了使刘勃舒的马生动传神，徐悲鸿还要他以真马为师，多多写生，了解马的习性，熟悉马的运动规律，还要逐渐脱离老师的影响，形成自己的风格。

在徐悲鸿的大力扶持下，刘勃舒学业大进，毕业后以优异成绩留校任教，并很快在中国美术界崭露头角。他继承了徐悲鸿画马的技巧和神韵，又开创出自己的艺术之路，逐渐形成了豪放、飘逸、洒脱的艺术风格。

徐悲鸿影响了刘勃舒的一生。刘勃舒最常用的一枚印章就是“悲鸿门下”。而且，他也与徐悲鸿一样，倾心致力于艺术人才的发现和培养，

对艺术新人大力奖掖扶植、呵护教诲。

徐悲鸿以一副古道热肠，毫无保留地给那些执著追求绘画艺术的热血青年们以悉心地指导和帮助。

有一天，一位大连的青年罗叔子将自己的素描寄给徐悲鸿，向他求教。从这一天起，徐悲鸿多次复信指导这位素不相识的青年，并将自己的素描原作两幅寄赠给他，以作示范。他在给罗叔子的一封信中写道：

叔子弟：

前寄一卷，想已收到。铅笔渲染不如炭笔，或即用炭条，吹固定水（松香酒精），较此为胜也。用笔可具起落，则不如是平板。苏联印大幅素描固佳，但古典而近于馆阁体，如不善学，可能近于平板光滑之馆阁体，使人生厌也……

1946年，一个名叫韦江凡的年轻人，从西北艰难跋涉来到北平，求见徐悲鸿。当他手中握着自己的一卷速写站在徐悲鸿面前时，他已经贫穷至极，无以为生了。这个衣衫破旧的青年，面孔和皮肤都被太阳炙烤得黝黑，两只聪慧的大眼睛里闪着热爱艺术的光芒。徐悲鸿的心悸动了。他立即将韦江凡安排在北平艺专做刻蜡版的临时工，并让他住在北平艺专的宿舍里。不久，韦江凡正式考取北平艺专，徐悲鸿又帮助他取得助学金。从此，一棵被人践踏、行将枯萎的美术幼芽得到了灌溉，茁壮地成长起来。

还有一位叫王学仲的学生，兼攻书画，尤其是他的书法，备受徐悲鸿赞扬，也经常得到徐悲鸿的关怀和指导。他现在天津以“夜泊”为笔名，创作的作品甚多，诗书画皆精妙。

……

1953年夏天，在徐悲鸿人生的最后一段岁月，他还始终牵挂着他的那些学生们，他不顾病痛折磨，坚持让妻子廖静文扶着，从一个教室走到另一个教室，检查学生们的绘画习作。当他看到各个班级的学生都用硬铅笔削得像针一般尖去画素描时，他万分焦灼。这些画得极其光滑细腻的素描，一个课题往往要画几十节课，细磨细擦，把感觉都磨钝了，失去了新鲜感，而且画得十分呆板、繁琐，这是他极其反对的。他立刻召集这些素描教师开会，指出："不仅形式主义美术是泥坑，这也是泥坑，陷进去就拔不出来了。"他要求教师们改变这种素描教学法，不要让学生们画这种"平板光滑的馆阁体"。

回家的路上，徐悲鸿深深地叹息着对廖静文说："我病了一年多，给学生们带来这样大的损失，心里真难受呵！"

快到暑假了，各系都有毕业的学生。徐悲鸿又急于去给他们讲课。他说："我要在他们离开学校之前，将我懂得的知识尽量教给他们，否则以后就没有机会了。"于是，廖静文又陪伴着徐悲鸿来到了学校，走进了教室，走进了他关心的学生们中间……

这年秋天，9月26日清晨，徐悲鸿的心脏永远停止了跳动。临死之前，这位曾经慷慨帮助了许多人，为国家创造过巨大财富的大画家，他身上穿的只是一套洗得褪了色的灰布中山装和一双从旧货摊上买来的旧皮鞋。

后　记

《徐悲鸿的青少年时代》已经完稿多日，但是我的思绪依然无法从悲鸿的生活中走出来。

悲鸿人生的一幕幕会不期然地闪现在脑海。有时划过的是悲鸿隐忍着饥饿和疼痛在作画，有时又闪过悲鸿在绝望中悲号着冲向黄浦江边，有时悲鸿笑着和齐白石探讨书画，有时悲鸿摩挲着他收藏的《八十七神仙卷》，脸上是难抑的激动和兴奋……

从四赴上海叩开求学的大门，到成为一个艺术大师，悲鸿用坚韧诠释着自己的生命。当一次又一次的困难袭来时，是什么力量在支撑着这个瘦弱的年轻人呢？悲鸿自己的话“爱画入骨髓”也许是最好的解答。我想人生因为有爱才有意义，徐悲鸿正因为对美术爱得深沉，才会在艺术道路上积极求索，百折不挠。正因为爱到骨髓里，所以有了对其他艺术品类的喜爱，有了对艺术家的惺惺相惜，有了对中西方艺术交融的探索，有了对国家美术事业发展全局的关心。正因为由内心对美术的小爱勃发了大爱，徐悲鸿在中国美术史上画上了具有里程碑意义的一笔。

人生很短暂，有了爱便有了寄托，为了这个寄托而忙碌一生，这一生便是精彩的。

悲鸿短暂的人生是精彩的，是充满魅力的。这种魅力感染和影响着无数人。也感染了他的爱人廖静文女士，她用自己的一生守护悲鸿和悲鸿的艺术。《徐悲鸿的青少年时代》正是根据廖女士的《徐悲鸿一生》改编整理的。完稿之后，我真正理解了廖女士的心情。一万多个日日夜夜，廖静文就是在对徐悲鸿的怀念中度过的，她的脑海中每天都会闪过悲鸿生前的一幕幕。悲鸿的音容笑貌沉淀下来的是悲鸿的艺术，悲鸿的一幅幅画作，悲鸿的艺术理念，悲鸿艺术对后代美术工作者的影响，这些逐渐成了廖静文的寄托。正因为有爱，廖静文有了寄托，有了这寄托，廖静文的人生是精彩的。和廖静文聊天，她的口中时时挂着悲鸿的名字，脸上挂着的是幸福的笑容。

我深深感到廖静文是伟大的。不仅是守护，廖静文对徐悲鸿艺术的保护和传播，在中国美术史上都是巨大的贡献。

通过编写这本书，我走进了徐悲鸿和廖静文两个人的内心世界，从而产生了久违的爱的情愫。忽然觉得人生真美好，人生可以很精彩。但愿读者朋友们通过读此书也能找到一点同感。

崔立秋

2011年8月于石家庄

（本书部分图片系网上收集，因作者、出处不详而无法标注，在此一并表示诚挚的谢意。由于时间仓促，虽然我们多方联系，但仍有个别作者没能联系到，敬请有关作者尽快与我们联系，以便支付稿酬。）

图书在版编目（CIP）数据

徐悲鸿的青少年时代／廖静文原著；崔立秋改编. —2版. —石家庄：河北人民出版社，2012.12

（大师的青少年时代）

ISBN 978-7-202-06965-3

Ⅰ.①徐… Ⅱ.①廖…②崔… Ⅲ.①徐悲鸿（1895~1953）—生平事迹 Ⅳ.①K825.72

中国版本图书馆CIP数据核字（2012）第250386号

书　　名　**徐悲鸿的青少年时代**
原　　著　廖静文
改　　编　崔立秋

责任编辑　王　轶　段　鲲　付　聪
美术编辑　于艳红
责任校对　付敬华

出版发行　河北出版传媒集团　河北人民出版社
（石家庄市友谊北大街330号）
印　　刷　河北新华第一印刷有限责任公司
开　　本　850×1168 毫米　1/32
印　　张　9
字　　数　118 000
版　　次　2012 年 12 月第 2 版　　2012 年 12 月第 3 次印刷
书　　号　ISBN 978-7-202-06965-3 / I · 903
定　　价　17.00 元